FACULTÉ DE DROIT DE PARIS

DROIT ROMAIN

DE LA STIPULATION

AYANT POUR OBJET

UN FAIT OU UNE ABSTENTION

DROIT FRANÇAIS

DU

RETRAIT D'INDIVISION

THÈSE POUR LE DOCTORAT

PAR

Joseph DELOM de MÉZERAC

LICENCIÉ ÈS-LETTRES
AVOCAT A LA COUR D'APPEL DE PARIS

L'ACTE PUBLIC SUR LES MATIÈRES CI-APRÈS
Sera soutenu le Jeudi 15 Juillet 1886 à 3 heures 1/2

Président : M. BUFNOIR.

Suffragants :
- MM. LABBÉ, professeur
- ALGLAVE   id.
- Léon MICHEL, agrégé

PARIS

LIBRAIRIE NOUVELLE DE DROIT ET DE JURISPRUDENCE
ARTHUR ROUSSEAU
ÉDITEUR
14, Rue Soufflot et rue Toullier, 13

1886

DROIT ROMAIN

DE LA STIPULATION

AYANT POUR OBJET

UN FAIT OU UNE ABSTENTION

DROIT FRANÇAIS

DU RETRAIT D'INDIVISION

DROIT ROMAIN

DE LA STIPULATION

AYANT POUR OBJET

UN FAIT OU UNE ABSTENTION

INTRODUCTION

« Ce ne sont pas seulement les choses qui peuvent être stipulées, nous dit Justinien aux Institutes, ce sont aussi les faits ; par exemple nous pouvons stipuler que l'on fera ou que l'on ne fera pas quelque chose. » (1)

Nous trouvons donc dans le droit romain, comme dans notre législation française actuelle, deux groupes, deux familles distinctes d'obligations : les obligations de donner, d'une part ; de l'autre, les obligations de faire ou de ne pas faire. Et comme la stipulation pouvait revêtir indifféremment toute es-

---

1. § 7. Instit. III, 15.

pèce d'obligation, comme toute volonté de s'obliger pouvait s'exprimer sous cette forme (1), nous rencontrons également deux groupes de stipulations : les unes ayant pour objet une chose, une *datio*; les autres ayant pour objet un fait ou une abstention, *factum aut non factum*.

En droit français, c'est surtout au point de vue de la sanction qu'il importe de distinguer les obligations de donner et les obligations de faire. Contre le débiteur qui a promis de donner et qui refuse de tenir son engagement, le créancier a la ressource de l'exécution forcée *manu militari* ; s'il s'agit au contraire d'une obligation de faire ou de ne pas faire, aux termes de l'article 1142, il ne peut demander à la justice que des dommages et intérêts.

Cette distinction ne pouvait pas exister en droit romain, au moins à l'époque classique. Comme, avec le système formulaire, toute condamnation avait nécessairement pour objet une somme d'argent, le créancier, quelle que fût la nature de l'obligation, se voyait dans l'impossibilité d'obtenir l'exécution spécifique, et devait se contenter d'une réparation pécuniaire.

Il faut donc se placer à un tout autre point de vue pour apercevoir dans la législation romaine une

1. Quarum totidem genera sunt, quot, pene dixerim, rerum contrahendarum, dit Justinien à propos des stipulations conventionnelles ; § 3. Instit. III, 18.

différence entre nos deux classes d'obligations. Rien ne nous paraît s'opposer aujourd'hui à ce qu'un droit de créance et une action aient pour objet un fait ou une abstention. La promesse d'accomplir un voyage ou de composer un tableau, a la même valeur, à nos yeux, et la même efficacité que l'obligation de livrer un cheval ou un fonds de terre. Il n'en était pas de même dans le droit romain primitif : tandis qu'une somme d'argent, un immeuble, un esclave, pouvaient faire directement l'objet d'une stipulation et d'une action en justice, il fallait au contraire user de ruse et recourir à des détours pour donner une valeur juridique à l'obligation de faire ou de ne pas faire.

Ce système étroit et rigoureux a disparu, sans doute, avec les progrès de la civilisation. Mais il a laissé quelques traces, et lorsqu'on étudie dans la législation de l'époque classique la nature et les effets des obligations de faire ou ne ne pas faire, on remarque un certain nombre de particularités qui seraient inexplicables, si on ne les rattachait pas à cette conception primitive.

Voilà ce qui fait l'originalité des obligations de faire ou de ne pas faire, en droit romain ; et c'est par là qu'elles nous ont paru dignes d'une étude spéciale.

CHAPITRE PREMIER

DISTINCTION ENTRE « DARE » ET « FACERE »

On distingue dans le droit romain, nous venons de le voir, deux catégories d'obligations : les unes ayant pour objet une *dation* ; les autres ayant pour objet un *fait*.

Car, sous ce mot *un fait*, nous pouvons comprendre à la fois et le fait positif, et le fait négatif, c'est-à-dire l'abstention. Plusieurs textes nous y autorisent (1).

Il importe avant tout de rechercher quelles sont les obligations qui rentrent dans chacune de ces deux catégories. Il importe de déterminer d'une façon exacte le sens que les Romains attachaient à ces deux mots : *Dare, facere*.

Donner, dans notre droit français, c'est livrer une chose, à quelque titre que ce soit. Toute obligation tendant à la remise d'une chose est une obligation de donner ; l'obligation de faire est celle qui a pour

1. Loi 1, § 7. Dig. XLIV, 7.— Loi 2, pr. Dig. XLV, 1.—Paul dit dans cette loi : *Stipulationum quædam in dando, quædam in faciendo consistunt.*

objet un pur fait, *factum merum, factum nudum* (1).

A Rome, le mot *dare* a un sens plus précis et plus limité. Il signifie exclusivement transférer la propriété ou constituer un droit réel. Ainsi, lorsque je promets de transmettre la propriété d'une somme d'argent, d'un esclave, d'un fonds de terre (2), lorsque je promets de constituer un usufruit (3), une servitude (4), une hypothèque (5), c'est une obligation de donner que je contracte. Je contracte, au contraire, une obligation de faire, lorsque je m'engage à livrer une chose, sans que cette livraison implique une transmission de propriété (6). L'obligation du vendeur, l'obligation du commodataire sont des obligations de faire, tandis que l'obligation de l'acheteur et celle de l'emprunteur dans le prêt de consommation, sont des obligations de donner.

Cette distinction qui nous montre que les Romains attachaient une importance toute particulière à la propriété, et lui faisaient une place à part dans toutes leurs institutions, est-elle demeurée en vi-

1. Telle est du moins l'opinion qui nous parait devoir être adoptée en droit français. Elle est enseignée par MM. Demolombe et Laurent.
2. Loi 75, § 10. Dig. XLV, 1.
3. Loi 3, pr. Dig. VII, 1. — Loi 126. § 1. Dig. XLV, 1.
4. Loi 19, Dig. VIII, 3. — Loi 136. § 1, Dig. XLV, 1.
5. Loi 5, § 2. Dig. XX, 1. — Loi 15 pr. Dig. XX, 1.
6. Loi 75, § 7. Dig. XLV, 1. — Loi 72 pr. Dig. XLV, 1.

gueur dans le droit du Bas-Empire ? Il est permis d'en douter. Déjà, à l'époque des jurisconsultes, une certaine confusion s'introduit dans le langage : Ulpien, détournant le mot *dare* de son acception primitive, l'emploie dans le sens de fournir, *dare expromissorem* (1).

A l'époque de Justinien, l'ancienne doctrine paraît fort ébranlée, puisqu'à propos du commodat, les Instututes qualifient de dation la remise de l'objet prêté, faite par le commodant à l'emprunteur (2). Ainsi se préparait l'évolution qui s'est continuée pendant le Moyen-Age et qui était définitivement accomplie au XVIe siècle, puisque Cujas nous dit que les mots donner et livrer sont devenus synonymes : « Dandi verbo modo factum significatur tradendæ possessionis, modo effectus proprietatis... His verbis dari et tradi promiscue utimur plerumque secundum mentem proferentis, nec tam ea spectanda sunt quam mens eorum qui iis utuntur. » (3)

Mais, nous n'avons pas à rechercher comment une distinction arbitraire et toute de convention a disparu pour faire place à une distinction plus simple et plus conforme à la nature des choses. Contentons-

1. Loi 4. Dig. XII, 4.
2. § 2. Instit. III, 14 : *Item is cui res aliqua utenda datur, id est commodatur ;... non ita res datur ut ejus fiat....*
3. Cujas, tome IV, c. 667. D.

nous de dire que dans le droit de l'époque classique, que nous avons principalement en vue dans cette étude, toute obligation qui n'a pas pour objet un transfert de propriété ou une constitution de droit réel, est une obligation de faire ou de ne pas faire.

Dès lors, il est aisé de comprendre que le domaine des obligations de faire est illimité. Tantôt le fait promis consiste dans la remise, dans la livraison d'une chose, *fundum tradi* : c'est une *præstatio*. Tantôt il consiste dans un certain nombre de travaux, *operæ*. L'obligation peut encore avoir pour objet l'exécution d'un ouvrage envisagé comme un tout indivisible, *opus perfectum*, comme la construction d'une maison ou l'établissement d'un fossé, *insulam ædificari, fossam fodiri*. Enfin, elle peut avoir pour objet un acte juridique : je promets par exemple à mon débiteur de le libérer de sa dette par une acceptilation ou un pacte de remise.

Le champ d'application de l'obligation de ne pas faire n'est pas moins étendu. Je peux promettre de m'abstenir d'un acte matériel : ainsi je promets de ne rien faire qui puisse entraver l'exercice d'un droit de passage, *per me non fieri, quominus tibi per fundum meum ire agere liceat.* (1) Je peux aussi m'engager à m'abstenir d'un acte juridique : je peux

1. Loi 75, § 7. Dig. XLV, 1.

m'engager à ne pas exercer d'action en justice, *amplius non agi*. (1) On peut enfin concevoir une promesse d'abstention d'une nature toute particulière, qui était très fréquemment employée pour corriger les effets rigoureux des actes de droit strict : nous voulons parler de la *clausula doli, dolum malum abesse abfuturumque*. (2)

Il est à peine besoin de faire observer que les obligations qui prennent naissance dans les contrats de bonne foi, sont presque toutes des obligations de faire ou de ne pas faire. Nous pouvons citer l'obligation du vendeur, celles du bailleur, du dépositaire, du commodataire, du créancier gagiste, du mandataire, etc... Parmi les contrats de droit strict, il y en a deux, le *mutuum* et l'*expensilatio* qui ne peuvent produire que des obligations de donner, puisqu'ils ont nécessairement pour objet de l'argent ou des choses fongibles. La stipulation, au contraire, peut servir à contracter toute espèce d'obligation de faire ou de ne pas faire.

Les obligations de faire ou de ne pas faire peuvent donc être divisées en deux groupes. Les unes résultent d'un contrat de bonne foi et sont sanctionnées par une action de bonne foi, par l'*actio empti*,

---

1. Loi 4 § 1. Dig. XLV. 1.
2. Loi 4 pr. Dig. XLV, 1.

par l'*actio mandati*, etc.... Les autres découlent d'une stipulation, et le créancier, pour en obtenir l'exécution, est muni de la *condictio incerti*. Ce sont les obligations de ce second groupe qui feront désormais l'objet exclusif de nos explications.

CHAPITRE II.

§ I. Droit primitif.

Justinien, en nous parlant des obligations de faire
ou de ne pas faire, nous apprend qu'au lieu de stipuler purement et simplement le fait ou l'abstention, on avait l'habitude de fortifier cette stipulation
en y ajoutant une clause pénale. Il est très-avanta-
geux pour le stipulant, nous dit-il, d'exiger une promesse de peine ; il a un grand intérêt à rendre
ainsi sa créance certaine et à fixer à l'avance et à
forfait le montant de la réparation pécuniaire qui
lui sera due en cas d'inexécution : *in hujusmodi stipulationibus optimum erit pœnam subjicere, ne quantitas
stipulationis in incerto sit, ac necesse sit actori probare
quid ejus intersit.* Aussi, ajoute-t-il, lorsque la stipulation a pour objet un fait, il faut y adjoindre une
clause pénale ainsi conçue : si ce fait n'est pas accompli, promets-tu de me donner à titre de peine

dix sous d'or, *si ita factum non erit, tu pœnæ nomine decem aureos dare spondes ? (1)*

Les textes du Digeste tiennent le même langage. Lorsque les jurisconsultes veulent tracer les règles qui régissent la clause pénale, c'est ordinairement parmi les obligations de faire ou de ne pas faire qu'ils choisissent leurs exemples (2) ; et réciproquement ils semblent supposer que la stipulation qui porte sur un fait ou sur une abstention est presque toujours accompagnée d'une stipulation de peine (3). Enfin, Vénuleius, s'exprimant presque dans les mêmes termes que Justinien, nous dit qu'en stipulant un fait, on ajoute presque toujours une clause pénale ; il recommande cette pratique comme très-usitée et tout à fait correcte, *usitatius et elegantius esse Labeo ait* (4).

Mais nous allons plus loin et nous croyons pouvoir dire, avec la plupart des interprètes, que dans le droit romain primitif, la stipulation d'une peine était indispensable pour donner une efficacité juridique à la promesse de faire ou de ne pas faire. Ce qui n'était plus qu'un usage très répandu au temps de Vénuleius et de Justinien, avait été d'abord une

1. § 7. Instit. III, 15.
2. Loi 115 pr. et § 1. Dig. XLV, 1. — Loi 71. Dig. XVII, 2.
3. Loi 71. Dig. XLV, 1. — Loi 3 § 1. Dig. eodem. — Loi 4 pr. et § 1. Dig. eodem.
4. Loi 137 § 7. Dig. XLV, 1.

nécessité. Dans le principe, faute de recourir à cette précaution, la stipulation portant sur un *facere* n'avait pas plus de force qu'un simple pacte, et le créancier était dénué de toute action pour la faire valoir en justice. Il devait se faire promettre une somme d'argent déterminée et introduire dans la formule, à titre de condition négative, le fait dont il voulait obtenir l'exécution : *Si domum non œdificaveris, centum dari spondes?* Un fait pouvait figurer dans une stipulation *in conditione*, mais non *in obligatione* : il ne pouvait pas former l'objet direct de l'interrogation et de la réponse (1).

Ce système trouve un fondement très solide dans le § 93 du troisième commentaire de Gaius. Après avoir donné une énumération des différentes formules usitées dans la stipulation, Gaius nous apprend que la formule *dari spondes? spondeo* se distingue entre toutes, parce qu'elle est romaine par excellence. Les autres appartiennent au droit des gens, les pérégrins peuvent s'en servir, elles peuvent être rédigées en langue grecque; celle-là, au contraire, fait partie du droit civil, elle est exclusivement réservée aux citoyens et ne peut être exprimée qu'en latin. Ce que le jurisconsulte omet d'a-

1. De Savigny. Traité de Droit Romain. Tome V, Appendice XIV. — Molitor. Les obligations en droit romain. Tome I, p. 188. — Ihering. L'Esprit du Droit romain (traduction de Meulenaere). Tome III, p. 243 ; tome IV, p. 248.

jouter, mais ce qui complète évidemment sa pensée, c'est que la formule *dari spondes* a été créée la première, c'est qu'à l'origine ou n'en connaissait pas d'autre, et que toutes les formules du droit des gens se sont introduites petit à petit, avec les progrès de la civilisation et le développement des relations commerciales. Dès lors, il n'existait pas, dans le vieux droit quiritaire, de formule de stipulation correspondant aux promesses de faire ou de ne pas faire. Un passage des Institutes que nous avons déjà cité, fortifie singulièrement cette argumentation. « Ce ne sont pas seulement les choses, dit Justinien, qui peuvent former l'objet de la stipulation, ce sont aussi les faits (1). » S'exprimerait-il ainsi, si la vérité qu'il énonce n'avait jamais été contestée ? Par ce dernier membre de phrase, ne semble-t-il pas faire allusion à l'ancien système pour le condamner d'une façon définitive et le déclarer à jamais aboli ?

Il y eut donc une première période pendant laquelle les obligations de faire ou de ne pas faire étaient nécessairement contractées sous la forme d'une stipulation conditionnelle de somme d'argent. Comment peut-on expliquer cette singulière rigueur du droit ancien ? Pourquoi obligeait-on les parties à user de moyens détournés pour obtenir le résultat

1. § 7, Instit. III, 15.

qu'elles cherchaient ? Pourquoi un fait, une abstention ne pouvaient-ils pas être l'objet d'une stipulation et d'une action en justice au même titre qu'une
dation ?

Dans une première doctrine, on soutient que l'impossibilité de stipuler directement un fait ou une
abstention tenait avant tout à la façon particulière
dont on concevait alors le droit d'obligation, et à la
fonction spéciale qui lui avait été assignée (1). A
l'origine, dit-on, le droit de créance fut considéré
par les Romains comme un moyen de recouvrer une
propriété volontairement ou involontairement per-
due. L'action personnelle, la *condictio*, était comme
le prolongement de l'action en revendication : destinée à la remplacer momentanément entre les
mains de celui qui s'était dépouillé pour un temps
de sa chose, elle était construite sur le même type,
elle lui ressemblait autant que possible. Puisqu'elle
avait pour fondement l'abandon réel ou fictif d'un
droit de propriété, elle devait avoir pour but la restitution de cette propriété ; elle devait tendre à une
dation. Dès lors, disent les partisans de ce système,
puisque la formule de la *condictio* renfermait nécessairement les mots *dare oportere*, la formule de
la stipulation, sur laquelle elle se modelait, devait

1. De Savigny. Traité de Droit romain. T. V. Appendice XIV.
— Ihering. L'Esprit du Droit romain. T. III, p. 128.

contenir le même mot *dare*. Voilà pourquoi un fait
ne pouvait pas former directement l'objet de l'interrogation et de la réponse.

Bien que cette doctrine ait été soutenue par d'é-
minents romanistes, nous ne croyons pas devoir
l'adopter. Elle se rattache à une conception qu'il
nous paraît difficile de justifier au point de vue his-
torique. Cette théorie fameuse, d'après laquelle
toute obligation aurait eu primitivement pour raison
d'être et pour fondement une aliénation réelle ou
fictive, renferme quelque chose d'artificiel et de sys-
tématique, et elle ne trouve aucun fondement solide
dans les textes du droit romain (1).

Nous croyons donc devoir expliquer d'une autre
façon la nécessité de la stipulation de peine dans les
obligations de faire ou de ne pas faire. Cette exi-
gence provenait, suivant nous, du désir de simplifier
la tâche du juge et de limiter autant que possible
ses pouvoirs. Cette tendance était un des traits ca-
ractéristiques du vieux droit quiritaire. Le juge était

---

1. Accarias. T. II. p. 1163, note 3. — M. de Savigny, pour
soutenir ce système, est obligé d'admettre que la stipulation est
dérivée du *nexum*, seul connu à l'origine. Si l'on acceptait cette
hypothèse, il faudrait dire que les obligations de sommes d'argent
furent seules consacrées et munies d'une action par le vieux
droit romain, et l'on aboutirait à cette conséquence que les obligations de donner un corps certain elles-mêmes durent primitivement être accompagnées d'une stipulation de peine. Or nous
n'apercevons dans les textes aucune trace de cette idée.

lié et comme enchaîné par la formule. Sa mission se bornait à affirmer ou à nier l'existence du droit réclamé par le demandeur; cela fait, il devait appliquer mécaniquement et comme un automate la condamnation préparée par le magistrat. Comme le dit M. Ihering (1), « on peut comparer l'ancienne procédure civile à une machine juridique, destinée à produire la transformation de la règle abstraite en droit concret, avec toute la précision, l'uniformité et la sûreté possible. »

Étant donné cette conception, un rapport de droit, quel qu'il fût, n'était susceptible d'être porté en justice que s'il réunissait un certain nombre de conditions particulières. On ne pouvait soumettre au juge qu'une question simple, à laquelle il lui fût facile de répondre par *oui* ou par *non*, sans être obligé de chercher en dehors de la formule des éléments extrinsèques d'appréciation. Il fallait, en d'autres termes, que l'objet du litige, déduit dans la formule, eût une valeur objective invariable, indépendante de toutes les circonstances contingentes au milieu desquelles le droit réclamé avait pris naissance (2). Les Romains résumaient d'un mot toutes ces conditions, en disant que l'objet du droit, qui pouvait devenir un jour l'objet de l'action, devait

1. Ihering. L'Esprit du Droit romain. T. II, p. 107.
2. Gide. De la Novation. p. 25 et 26.

être *certain*. Il fallait donc, de toute nécessité, communiquer ce caractère aux différents rapports de droit, afin de leur assurer une efficacité et une sanction.

Rien n'était plus simple, en ce qui concerne le droit de propriété. En effet, ce droit a naturellement une valeur fixe et absolue, il est toujours identique à lui-même, quelle que soit la cause naturelle à laquelle il doive sa naissance, quelles que soient les personnes entre lesquelles la question s'agite. La difficulté était plus grande pour les rapports d'obligation. Car il semble que la valeur d'un droit de créance soit essentiellement variable et relative. Comment la dégager des circonstances particulières du contrat d'où dérive l'obligation?

Néanmoins, les jurisconsultes romains ont obtenu ce résultat. Grâce au mécanisme des formules, ils ont détaché le droit du créancier de sa cause naturelle, le transformant ainsi en un droit abstrait, aussi absolu, aussi *certain* que le droit d'un propriétaire. De cette façon, ils ont pu façonner l'action personnelle, la *condictio*, à l'image de la revendication, et le signe sensible de cette ressemblance c'est l'absence de *demonstratio* dans la formule de la *condictio certi*.

Mais, les obligations ne se prêtaient à cette transformation que lorsqu'elles avaient pour objet un

transfert de propriété. Lorsque le créancier demandait la dation d'une somme d'argent ou d'un corps
certain, à condition de ne faire aucune allusion au
contrat générateur de l'obligation, à condition d'en-
visager le droit réclamé en lui-même, abstraction
faite de toutes les circonstances accessoires, le magistrat pouvait poser au juge une question aussi
simple que dans la revendication. Il en était tout
autrement lorsque la promesse avait porté sur un
fait ou sur une abstention. La valeur d'un fait est
nécessairement relative. Pour apprécier l'intérêt
que le créancier pouvait avoir à l'accomplissement
de ce fait, et le préjudice que le défaut d'exécution
lui a causé, le juge est bien forcé de se reporter au
contrat qui a lié les parties. En un mot, l'action par
laquelle on réclame l'exécution d'une obligation de
faire est toujours incertaine. Voilà pourquoi une pré-
tention de cette nature ne pouvait pas, à l'origine,
être soumise directement au juge.

Cette manière de voir est confirmée par un texte
de Gaius, dans lequel il nous fait connaître quel
était le domaine de cette *action de la loi* appelée *condictio*, qui servit de transition entre le *sacramentum*
et les actions de droit strict de la procédure formulaire : *Hæc autem legis actio*, nous dit-il, *constituta
est per legem Siliam et Calpurniam : lege quidem Siliâ*

certæ pecuniæ, lege vero Calpurniâ de omni certâ re (1).
Il résulte de ce texte que la *legis actio* créée par les
lois Silia et Calpurnia contenait en germe la *condictio certæ pecuniæ* et la *condictio de aliâ certâ re*, mais
que la *condictio incerti* était alors inconnue.

Elle ne fit son apparition, que lorsque l'office du
juge fut conçu d'une façon moins étroite, lorsqu'il
lui fut permis de rechercher les conditions dans lesquelles l'obligation s'était formée et le but que les
parties s'étaient proposé d'atteindre. Alors, mais
alors seulement, on admit l'introduction du *facere*
dans la formule de la *condictio*. Ce jour-là les obligations de faire ou de ne pas faire reçurent le droit
de cité dans la législation romaine. Il fut dès lors
possible de stipuler directement un fait ou une abstention, puisqu'on pouvait soumettre au juge une
formule ainsi conçue : *Quidquid paret Numerium Negi-
dium Aulo Agerio dare facere oportere, quanti ea res
erit, tantam pecuniam N. N. A. A. condemna.*

§ 2. Droit de l'époque classique.

A l'époque classique, l'ancien système n'a pas disparu tout entier. Les idées dont le règne paraissait
terminé ont conservé une certaine influence, même
après que la législation se fut transformée, et l'obli-

1. Gaius. IV, § 19.

gation de faire ne fut jamais assimilée d'une façon
complète à l'obligation de donner. Nous ne voulons
pas ici faire allusion à l'usage de stipuler une clause
pénale, usage qui s'est maintenu, même lorsque la
stipulation de peine ne fut plus indispensable pour
assurer l'efficacité de l'obligation de faire. Nous en
avons déjà parlé et nous n'y reviendrons pas. Cet
usage constituait assurément une différence entre
les obligations de donner et les obligations de faire,
mais une différence de fait, une différence tout ex-
térieure. Celle que nous voulons signaler était plus
profonde, elle tenait à la nature même du droit.

A l'époque classique, le droit du créancier qui a
stipulé directement un fait, sans adjonction de
clause pénale, porte en apparence sur le fait promis ;
mais il a en réalité pour objet l'estimation en argent des dommages et intérêts. Sans doute l'obligation de donner aboutit, elle aussi, à une condamnation pécuniaire. Mais cette indemnité pécuniaire
n'est pas l'objet véritable de la dette, elle est simplement substituée à la chose promise, en vertu
des pouvoirs du juge. Dans l'obligation de faire, au
contraire, le créancier qui s'adresse à la justice demande d'une façon principale une somme d'argent ;
c'est une indemnité qu'il réclame, non pas à titre
de sanction, mais comme l'objet unique de sa créance et de son action. En d'autres termes, le fait pro-

mis, bien qu'il soit directement stipulé, figure seulement dans l'opération à titre de *facultas solutionis* : c'est un moyen pour le débiteur d'éviter la condamnation pécuniaire.

Plusieurs textes nous apprennent que la stipulation portant sur un fait ou sur une abstention était parfois accompagnée d'une stipulation de peine incertaine. Elle était alors ainsi conçue : *Si ante kalendas martias primas opus perfectum non erit, tum quanti id opus erit, tantam pecuniam dari spondes ?* (1) Cet usage était assez fréquent, et il est probable que les stipulations prétoriennes étaient toujours contractées sous cette forme. (2) Mais si la thèse que nous venons d'exposer est exacte, cette stipulation du *quanti ea res erit* était sous-entendue, lorsqu'elle n'était pas intervenue d'une façon expresse ; toute obligation de faire contenait implicitement une clause pénale incertaine.

Ce système, il est vrai, est généralement repoussé par les interprètes modernes du droit romain. (3) Mais il peut s'appuyer, nous semble-t-il, sur plu-

1. Loi 38, § 13 et Loi 72 § 1. Dig. XLV. 1.
2. Loi 2, § 2. XLVI, 5.
3. Notre doctrine est soutenue par M. Molitor. Les Obligations en Droit romain. Tome I, p. 315. — Elle est combattue par M. de Savigny. Le Droit des obligations (traduction de MM. Gérardin et Jozon). Tome I, p. 398 ; ainsi que par M. Accarias. Tome II, p. 254, note 1.

sieurs textes du Digeste ; nous pouvons en outre invoquer en sa faveur l'autorité de tous les grands romanistes du moyen-âge et du XVIᵉ siècle.

Le texte capital, en cette matière, est la loi 72, pr. au titre *de verborum obligationibus*. Voici quelle est, suivant nous, l'interprétation toute simple et toute naturelle de ce fragment d'Ulpien qui a suscité tant de controverses : D'après Celsus, le jurisconsulte Tubéron estimait que l'obligation de faire se transformait en une dette d'argent, en cas d'inexécution, et Celsus adopte cette opinion. (1)

Nous indiquerons plus tard quelles conséquences il faut déduire de ce texte ainsi expliqué, au point de vue de l'indivisibilité, et nous verrons que notre interprétation a le grand avantage de mettre Ulpien d'accord avec Celsus et Tubéron, sans le mettre en contradiction avec lui-même. Pour le moment, constatons seulement que ces trois jurisconsultes signalent une différence entre les obligations de faire et les obligations de donner, et cette différence peut se résumer ainsi : le véritable objet de la dette et de l'action, dans l'obligation de donner, c'est la chose promise, tandis que, dans l'obligation de faire, c'est l'*utilitas* du fait promis évaluée en argent, ce sont les dommages et intérêts.

1. Loi 72 pr. Dig. XLV, 1.

On a proposé plusieurs autres interprétations de la loi 72. Nous ne pouvons pas les passer toutes en en revue. Nous voulons seulement rappeler les deux principales, et montrer en quoi elles nous paraissent inacceptables.

On a dit d'abord que, par ces mots *pecuniam dari oportere*, Tubéron avait fait allusion à une stipulation de peine, certaine ou incertaine. Il faudrait lire le texte de cette façon : *Tuberonem existimasse, ubi quid fieri stipulemur, et si non fuerit factum, pecuniam, etc....* Mais cette explication présente deux graves inconvénients. Elle n'est possible que si l'on corrige le texte en y ajoutant la conjonction *et*; et de plus, elle rend la phrase absolument incompréhensible, puisqu'elle supprime la proposition principale.

Dans un autre système qui a été préconisé par M. de Savigny, et qui est généralement admis aujourd'hui, on prétend qu'Ulpien cite, sans l'approuver, l'opinion de Tubéron, qu'il la cite à titre de singularité, comme une curiosité juridique. Et pour établir qu'Ulpien ne pouvait pas adopter la doctrine de Tubéron, on nous dit que ce vieux jurisconsulte, contemporain de Cicéron, était fort peu connu au temps d'Alexandre Sévère, et que ses ouvrages, écrits dans un style démodé, étaient peu goûtés (1).

1. Loi 2, § 46. Dig. I, 2.

Mais cette démonstration est-elle concluante? nous
nous permettons d'en douter. Le nombre est grand
des jurisconsultes dont le style est lourd et archaï-
que, et qui jouissent néanmoins d'une légitime autorité. D'ailleurs Ulpien ne méprisait pas autant
qu'on paraît le croire les ouvrages de Tubéron, puisque dans d'autres matières il le cite et lui emprunte
ses définitions (1). Enfin il ne s'agit pas seulement
de Tubéron ; il s'agit aussi de Celsus qui partage le
même sentiment, et l'on ne prétendra pas, j'imagine, qu'Ulpien professât du dédain pour les opinions de Celsus !

Plusieurs autres textes viennent corroborer l'argument que nous tirons de la loi 72, et achèvent
d'établir notre système.

C'est d'abord un fragment de Celsus au titre *de
re judicatâ*. (2) Voici comment s'exprime ce jurisconsulte : Si celui qui m'a promis de me préserver
d'un dommage, manque à sa promesse, il est condamné à payer une somme d'argent, ainsi que cela
se produit dans toutes les obligations de faire. Celsus fait évidemment allusion à la distinction entre
les obligations de faire et les obligations de donner
qu'avait signalée Tubéron, et sa pensée qui pourrait être rendue d'une façon plus exacte, est celle-

1. Loi 5, § 4 ; Loi 6 ; Loi 7 pr. Dig. XV, 1.
2. Loi 13, § 1. Dig. XLII, 1.

ci : en cas d'inexécution, c'est une somme d'argent qui est due, ainsi que cela se produit dans toutes les obligations de faire.

Les auteurs qui repoussent notre système, ont beaucoup de peine à expliquer ce dernier membre de phrase : *sicut evenit in omnibus faciendi obligationibus*. En effet, si le jurisconsulte a simplement entendu faire allusion au caractère pécuniaire de la condamnation, son observation manque absolument de portée, puisqu'à l'époque classique les obligations de donner étaient traitées, à ce point de vue, de la même façon que les obligations de faire. On en est réduit à dire que le mot *faciendi* a été ajouté par Justinien (1). Mais on s'empresse de reconnaître qu'en faisant subir cette correction au texte de Celsus, il s'est mis en contradiction avec lui-même, puisqu'il admet ailleurs que la condamnation peut porter directement sur un fait (2). Il nous semble peu conforme aux règles d'une saine critique de prêter à Justinien une interpolation aussi peu réfléchie.

Nous pouvons enfin invoquer une loi de Paul qui nous fournit un argument très puissant (3). Ce jurisconsulte suppose qu'une stipulation a eu pour

1. Accarias. T. II. p. 873, note 2.
2. Loi 14, Cod. VII, 45.
3. Loi 84. Dig. XLV, 1.

objet la construction d'une maison, et voici la règle qu'il énonce : jusqu'à la *litis contestatio*, le débiteur peut se libérer en accomplissant le fait promis ; mais à partir de la *litis contestatio*, il ne lui sert de rien de construire la maison, il ne peut pas éviter la condamnation pécuniaire.

Voici quelle nous parait être l'explication de ce texte fort laconique : lorsqu'il s'agit d'une obligation de donner, le débiteur se libère, *pendente judicio*, en livrant la chose promise, en vertu de la règle *omnia judicia absolutoria esse*, parce que, même après la *litis contestatio*, cette chose forme l'objet véritable de l'obligation et de l'action ; mais s'il s'agit d'une obligation de faire, le débiteur qui n'a pas exécuté le fait promis avant la *litis contestatio*, est privé de cette *facultas solutionis* ; le droit du créancier se trouve fixé d'une façon définitive, il porte désormais sur les dommages et intérêts.

Tels sont les textes qui nous paraissent établir qu'à l'époque classique il existait encore une différence de nature entre l'obligation de donner et l'obligation de faire.

Ce système, nous l'avons dit, a été enseigné par presque tous les romanistes du moyen-âge et du XVIe siècle. Nous pourrions ici multiplier les citations ; car il y a peu de sujets sur lesquels les anciens interprètes du droit romain se soient étendus avec autant de complaisance.

Cujas, comparant les obligations de donner aux obligations de faire, s'exprime ainsi : *Hæc* (l'obligation de faire) *sui naturâ continet id quod interest, illa officio arbitri, non naturâ et potestate suâ* (1). Nous pouvons reproduire un autre passage dans lequel il n'est pas moins explicite : *obligationes dandi perpetuantur post moram, obligationes faciendi non perpetuantur, sed in locum earum succedit obligatio in id quod interest* (2).

Transfunditur obligatio in id quod interest (3), dit à son tour Doneau. Et il revient à plusieurs reprises sur cette idée : *Non ut fiat petitur, sed agitur in id, quod stipulatoris interest. Ita hic post litem contestatam debere incipit id quod interest* (4). Quelques lignes plus loin il dit encore : *Nos vero in faciendi obligationibus verbo faciendi, non quidem aperte, sed vi et potestate verborum, vel verius voto et sententiâ stipulantium id quod interest contineri, itaque in stipulationem venire dicimus sub conditione, si factum non sit quod promissum est intra id tempus, quo fieri potuit* (5).

Enfin, Vinnius nous paraît résumer de la façon la plus saisissante la doctrine que nous avons essayé

1. Cujas. Tome I, c. 1284. E.
2. Cujas. Tome IX, c. 1268. E. — Tome X, c. 752. E.
3. Doneau. Tome XI, c. 209.
4. Doneau. Tome XI, c. 194.
5. Doneau. Tome XI, c. 208.

de défendre, en disant : *Placet debitorem non præcise ad faciendum quod promisit, obligari, imo factum hactenus tantum esse in obligatione, ut faciendo debitor liberetur, peti nunquam possit, sed id solum quod interest* (1).

Il est vrai que Dumoulin, dans son traité de l'*Indivisibilité*, s'élève avec énergie contre ce système. *Nimis erroneum est*, dit-il, *quod omnes fere tenent facta non obligare præcise regulariter* (2). Mais il reconnaît lui-même dans ce passage que l'opinion qu'il critique était presque universellement admise.

Ainsi, à l'époque des jurisconsultes, bien qu'un droit nouveau se soit substitué au vieux droit quiritaire, bien que l'idée d'obligation se soit élargie, et qu'il ne soit plus nécessaire, pour stipuler valablement un fait, de se faire promettre une somme d'argent à titre de peine, néanmoins l'assimilation n'est pas encore complète entre les obligations de faire et les obligations de donner : un fait ne forme pas l'objet d'une stipulation et d'une action en justice au même titre qu'une dation.

Mais, cette différence devait s'affaiblir chaque jour davantage, et il n'en était plus question, sans doute, au temps de Justinien. Nous trouvons en effet, au

1. Vinnius. Institutes, page 652, n° 7.
2. Dumoulin. Tome III, pages 99, 100, 163.

Code, une constitution de cet empereur qui contient ces mots : le juge peut condamner, soit le défendeur, soit le demandeur à donner ou à faire quelque chose (1). Or, si la condamnation peut porter directement sur le fait promis, c'est que toutes les anciennes fictions ont disparu, c'est que le droit du créancier a désormais pour objet principal, pour objet unique le fait lui-même.

Ce n'est donc qu'à la suite d'une longue et curieuse évolution que les obligations de faire ou de ne pas faire ont réussi à se débarrasser d'une façon complète des entraves que les exigences et les subtilités du droit primitif avaient apportées à leur fonctionnement.

1. Loi 14. Cod. VII, 45.

CHAPITRE III

Toute stipulation, quel qu'en soit l'objet, doit,
pour être valable, réunir une certain nombre de
conditions, relatives soit à la forme solennelle, soit
au consentement et à la capacité des parties. Mais à
côté de ces conditions générales, il y en a d'autres
qui varient suivant que la stipulation porte sur un
fait ou sur une dation, parce qu'elles sont relatives
à l'objet même du contrat. Ce sont les seules dont
nous ayons à nous occuper ici.

A quelles conditions un fait peut-il former l'objet d'une stipulation ? Voilà ce que nous devons rechercher.

Il faut que le fait soit personnel au promettant ;
qu'il soit suffisamment déterminé ; qu'il soit physiquement possible ; qu'il soit licite.

§ 1. — Fait personnel au promettant.

Celui qui promet le fait d'autrui, ne contracte pas
un engagement valable ; *nemo alienum factum pro-*

mittendo obligatur, nous dit Ulpien (1), et Paul tient le même langage : *Inter stipulantem et promittentem negotium contrahitur... de se quemque promittere oportet (2).*

Me sera-t-il donc tout à fait impossible de promettre le fait d'autrui ? Non. Le résultat que je ne puis pas obtenir directement, je pourrai l'atteindre par des moyens détournés. Deux procédés me sont offerts. Je puis d'abord avoir recours à la stipulation de peine et m'engager à payer une somme d'argent sous cette condition : *Si Titius non fecerit*. « Celui qui veut promettre le fait d'autrui, dit Ulpien, peut s'engager à payer, soit une peine certaine, soit une peine incertaine, c'est-à-dire le montant des dommages et intérêts. » (3)

En second lieu, je peux promettre de faire tout ce qui dépendra de moi pour que Titius accomplisse le fait que le stipulant attend de lui : *me curaturum, effecturum ut Titius faciat?* (4) La stipulation sera alors pleinement valable, puisqu'il résultera des termes mêmes employés dans l'interrogation et dans la réponse, que je suis personnellement lié vis-à-vis du stipulant.

1. Loi 38 pr. et § 1. Dig. XLV, 1.
2. Loi 83 pr. Dig. XLV, 1.
3. Loi 38, § 2. Dig. XLV, 1. — § 21, Instit. III, 19.
4. § 3. Instit. III, 19.

En dehors de ces deux hypothèses, la promesse du fait d'autrui est inefficace. On peut cependant nous opposer un texte de Paul qui semble au premier abord contredire ce système (1). Un individu promet qu'un tiers comparaîtra en justice, et il ne fait pas suivre cet engagement d'une promesse de peine. Le jurisconsulte se demande si une pareille stipulation peut produire son effet. Se conformant à l'opinion de Celsus, il répond affirmativement, et voici comment il motive sa décision : celui qui promet qu'un tiers comparaîtra, nous dit-il, s'engage à faire en sorte que ce tiers comparaisse.

Comment concilier ce langage avec celui qu'Ulpien et Paul lui-même ont tenu dans les fragments que nous avons cités plus haut? On explique d'ordinaire cette dérogation aux principes de la façon suivante. La stipulation *aliquem sisti*, dit-on, à laquelle Celsus et Paul font allusion, est une stipulation prétorienne. Or, la formule des stipulations prétoriennes dépend absolument du préteur ; c'est lui qui l'a dictée, et il reste libre d'interpréter, comme il l'entend, les expressions qu'il a lui-même proposées aux parties : *prætoriæ stipulationes legem accipiunt de mente prætoris, qui eas proposuit* (2). Il

---

1. Loi 81 pr. Dig. XLV, 1. — Voir au même titre la loi 38, § 24.
2. Loi 52. Dig. XLV, 1.

peut notamment décider que ces mots *promittisne
Titium sisti? promitto* contiennent implicitement la
promesse d'un fait personnel.

Cette conciliation est certainement ingénieuse, et
repose sur une observation exacte. Nous croyons
toutefois pouvoir en proposer une autre. Dans les
stipulations prétoriennes, ainsi que nous l'avons
déjà dit, la promesse principale était toujours suivie
d'une seconde promesse, portant sur les dommages
et intérêts, sur le *quanti ea res erit*. Ce fait nous parait démontré par un fragment de Paul, la loi 2 § 2
au titre *de stipulationibus prætoriis* (1). C'est grâce à
l'adjonction de cette clause pénale que la promesse
du fait d'autrui pouvait être considérée comme valable.

Cette manière de voir se trouve confirmée par
le texte même qui soulève cette discussion. Ce texte
contient, en effet, un membre de phrase que nous
avons jusqu'ici passé sous silence, et que nous
croyons pouvoir traduire de la façon suivante : Ainsi
que le dit Celsus, bien qu'on n'ait pas fait suivre
cette stipulation d'une promesse de peine certaine,
la formule contient néanmoins le *quanti interest. Celsus ait, etsi non est huic stipulationi additum, nisi ste-
terit, pœnam dari, id, quanti interest sisti, contineri.*

1. Loi 2, § 2. Dig. XLVI, 5.

Toutefois la règle *nemo alienum factum promittere potest* ne doit pas être entendue d'une façon trop rigoureuse. Ainsi, lorsqu'un entrepreneur promet de construire un navire, d'élever une maison, de creuser un fossé, il ne s'engage pas à exécuter lui-même, et de ses propres mains, tous les travaux. Il s'engage simplement à les faire exécuter par ses ouvriers et sous sa direction. Si le stipulant désire quelque chose de plus, s'il croit avoir intérêt à ce que l'artisan auquel il s'adresse accomplisse personnellement le travail qu'il lui demande, il peut insérer à cet effet dans la formule de l'interrogation, une clause spéciale ainsi conçue : *ut suis operis id perficiat* (1).

§ 2. — Fait suffisamment déterminé.

La stipulation est nulle, si le fait que le promettant s'engage à accomplir, n'est pas indiqué d'une façon précise.

Ainsi, lorsqu'on stipule la construction d'une maison, il faut indiquer l'emplacement où cette maison doit s'élever. *Si quis insulam fieri stipuletur, et locum non adjiciat, non valet stipulatio* (2).

1. Loi 31. Dig. XLVI, 3.
2. Loi 2, § 5. Dig. XIII, 4. — Loi 95 et Loi 115 pr. Dig. XLV, 1.

L'indication de l'époque à laquelle le fait doit être
exécuté, sera souvent nécessaire. Mais en cette matière il est impossible de poser une règle générale :
tout dépend et de la nature du fait promis, et du
but que les parties se sont proposé. Je stipule par
exemple que Titius se trouvera dans un endroit déterminé, *sisti in certo loco*, et j'omets de préciser le
jour où il doit me rendre ce service. La stipulation
est-elle valable ? Papinien (1) fait une distinction
très raisonnable ; si j'ai oublié d'indiquer le jour
pour lequel j'entendais m'assurer de la présence de
Titius à l'endroit convenu, la stipulation est impar-
faite, le contrat est vicié par l'absence de l'un de
ses éléments essentiels. Si, au contraire, j'ai omis
sciemment de préciser la date, si j'ai entendu laisser
à Titius le choix du jour, la stipulation produira
tous ses effets.

§ 3. — Fait physiquement possible.

L'obligation ne peut pas prendre naissance, lorsque le fait qui forme l'objet de la stipulation est
matériellement impossible. C'est ce que nous dit
Paul, dans la loi 35 au titre *de Verborum obligatio-*
nibus : *Si stipulor ut id fiat, quod natura fieri non con-*

1. Loi 115 pr. Dig. XLV, 1.

*cedit, non magis obligatio consistit, quam cum stipulor
ut detur, quod dari non potest* (1).

Mais, s'il s'agit d'une impossibilité simplement relative, si le fait, impossible pour le promettant, à
raison de circonstances particulières, peut être
accompli par d'autres, l'obligation est valablement
formée, et le débiteur pourra être condamné à in-
demniser le créancier du préjudice que lui aura
causé l'inexécution du fait promis. Car il est en faute
d'avoir pris un engagement qu'il n'était pas en mesure de tenir (2).

§ 4. — Fait licite.

Les jurisconsultes romains considéraient comme
dénués de toute valeur les contrats dont l'objet était
contraire aux lois ou aux mœurs. C'était un principe universellement admis: *Generaliter novimus turpes
stipulationes nullius esse momenti* (3), nous dit Ulpien,
et Papinien fait l'application de cette règle aux stipulations qui portent sur un fait : *Si flagitii faciend^i
causa concepta sit stipulatio, ab initio non valet* (4).
Nous devrons donc considérer comme nulle la promesse de commettre un meurtre, un sacrilège (5).

1. Loi 35 pr. Dig. XLV, 1.
2. Loi 137, § 5. Dig. XLV, 1.
3. Loi 26. Dig. XLV, 1.
4. Loi 123. Dig. XLV, 1.
5. Loi 27 pr. Dig. XLV, 1. - § 24. Instit. III, 19.

Nous refuserons également toute efficacité aux fiançailles contractées sous forme de stipulation entre
un frère et une sœur (1).

Dans ces différentes hypothèses, non seulement
le stipulant ne peut pas obtenir de condamnation,
mais les textes nous apprennent que le magistrat
doit refuser de lui délivrer une formule d'action. Ce
n'est donc pas devant le juge, c'est devant le préteur
que l'exception tirée de l'immoralité ou de l'illéga-
lité du fait promis, doit être soulevée, discutée et
tranchée (2).

Pour apprécier le caractère de ce fait, le magistrat
doit-il se placer au moment où le contrat s'est formé,
ou bien au contraire au moment où le stipulant
vient lui demander une action ? En d'autres termes,
si le fait, illicite au jour de la stipulation, est devenu
depuis licite, si l'obstacle légal a disparu, la stipulation peut-elle produire son effet ? D'après le jurisconsulte Paul, il faut se placer au moment de la for-
mation du contrat, et lorsque la stipulation a été
viciée à l'origine par l'intention déshonnête des contractants, les événements ultérieurs sont impuis-
sants à la faire revivre. Ainsi, des fiançailles sont
intervenues entre Titius et sa sœur adoptive ; peu
de temps après, une émancipation fait sortir cette

1. Loi 35, § 1. Dig. XLV, 1.
2. Loi 27 pr. Dig. XLV, 1. — Loi 5, Cod. IV, 7.

dernière de sa nouvelle famille, et rien ne s'oppose
plus à ce qu'elle épouse Titius. Néanmoins, la promesse de mariage reste frappée de nullité : *quia sta-
tim contra mores sit* (1). Vénuléius, après avoir donné
une solution analogue, résume ainsi sa pensée : *Non
enim secundum futuri temporis jus, sed secundum præ-
sentis, æstimari debet stipulatio* (2).

Les mêmes règles s'appliquent aux obligations
de ne pas faire. La stipulation est nulle, lorsque le
promettant s'est engagé à s'abstenir d'un acte que la
morale ou la loi lui commandent d'accomplir. Elle
est également nulle, lorsqu'il s'est dépouillé d'une
faculté essentielle, comme celle de se marier ou de
faire un testament (3).

Mais s'il promet, au contraire, de s'abstenir d'un
acte immoral, le contrat est valablement formé (4).
Nous trouvons dans un texte de Papinien un exemple bien connu : une femme, au moment de son
mariage, se fait promettre par son mari qu'il n'aura
plus de relations avec son ancienne concubine (5) ;
et elle stipule accessoirement une peine pécuniaire.
Le jurisconsulte déclare qu'il n'aperçoit aucun motif pour lui interdire de réclamer le montant de

1. Loi 35, § 1. Dig. XLV, 1.
2. Loi 137, § 6. Dig. XLV, 1.
3. § 2. Paul, III, tit. IV, B.
4. Bufnoir. Théorie de la condition, p. 35.
5. Loi 121, § 1. Dig. XLV, 1.

cette peine, lorsque le mari a manqué à son engagement, puisqu'une pareille promesse, bien loin de
blesser les bonnes mœurs, est au contraire destinée
à donner une sanction nouvelle à un devoir moral.

CHAPITRE IV

Dans la législation romaine, comme dans notre
législation française, les droits et les obligations qui
naissent des contrats, se transmettent en général
aux héritiers des deux parties. Mais, les jurisconsultes romains admettent une exception à ce principe : et cette exception est relative aux obligations
de faire ou de ne pas faire qui ont pris naissance
dans un contrat *stricti juris*, c'est-à-dire dans une
stipulation.

Lorsque Séius a promis à Titius d'exécuter un
fait, le lien de droit qui les unit l'un à l'autre est
essentiellement personnel et intransmissible; il s'é-
teint, dès que l'un des deux contractants vient à
disparaitre. Les héritiers de Séius ne sont pas tenus
d'accomplir le fait promis, et les héritiers de Titius
ne peuvent pas en réclamer l'exécution.

Les parties ont cependant un moyen de rendre
l'obligation de faire transmissible, tant au point de
vue actif qu'au point de vue passif : il faut pour

cela qu'elles fassent, l'une et l'autre, mention de leurs héritiers dans la formule de la stipulation. Je suppose que Titius veuille obtenir de Séius la faculté de passer sur ses terres : il lui adressera une interrogation ainsi conçue : *Promittisne per te non fieri, neque per heredem tuum, quominus mihi heredive meo ire agere liceat ?* (1). De nombreux textes nous montrent que cette précaution était presque toujours employée (2). La *clausula doli* notamment se présentait le plus souvent sous cette forme : *dolum a te heredeque tuo abesse abfuturumque spondes* (3)?

Ce n'est qu'à cette condition que l'obligation peut se perpétuer et survivre aux deux individus entre lesquels elle s'est formée. Ce n'est qu'à cette condition que l'action peut être accordée aux héritiers du stipulant, ou délivrée contre les héritiers du promettant. C'est ce que prouve de la façon la plus évidente un texte de Paul, qui s'exprime en ces termes : *Si ita stipuler, per te non fieri, quominus mihi heredique meo vindemiam tollere liceat ? etiam heredi datur actio* (4). Il résulte de ce texte que si les mots *heredique meo* n'avaient pas été insérés dans la for-

1. Loi 2, §§ 5 et 6. Dig. XLV, 1.
2. Loi 3 pr. ; Loi 49, § 2 ; Loi 83 pr. ; Loi 85 § 3. Dig. XLV, 1. — Loi 44, § 5. Dig. X, 2.
3. Loi 4 pr. Dig. XLV, 1.
4. Loi 92. Dig. XLV, 1.

mule, le préteur aurait refusé l'action à l'héritier
du stipulant.

Il en est tout autrement lorsqu'il s'agit d'une obligation de donner. Celui qui stipule une dation, n'a
pas besoin de recourir à toutes ces précautions ;
l'obligation est naturellement transmissible, sans
qu'il soit nécessaire de mentionner expressément
dans la formule les héritiers des deux parties. Nous
en trouvons la preuve dans la loi 56 au titre *de ver-*
borum obligationibus. Dans ce texte, à propos d'une
stipulation ainsi conçue : *te et Titium heredem tuum*
decem daturum spondes ? le jurisconsulte Julien fait
remarquer qu'il était superflu de parler de l'héritier Titius. (1)

Ainsi, l'obligation de donner fait activement et pas-
sivement partie du patrimoine, et se transmet avec
lui; elle est attachée à la personne juridique du créancier ou du débiteur, tandis que l'obligation de faire,
lorsqu'elle a été contractée purement et simplement,
est attachée à leur personne physique.

Quelle fut l'origine, quelle fut la cause de cette
différence qui parait, au premier abord, bien singulière ? On a proposé une première explication, que
nous ne trouvons pas pleinement satisfaisante. L'o-
bligation de donner, a-t-on dit, a pour objet un

1. Loi 56. Dig. XLV, 1.

transfert de propriété ; or un transfert de propriété a une valeur *objective,* qui reste constante, quelles que soient d'ailleurs les personnes entre lesquelles elle s'opère. Un même fait au contraire aura une valeur bien différente, suivant qu'il sera exécuté par Titius ou par Séius, par un artisan habile et expérimenté, ou par un ouvrier novice et maladroit. (1) *Inter artifices,* dit Ulpien, *longa differentia est et ingenii, et naturæ, et doctrinæ, et institutionis* (2)... *plerumque robur hominis, ætas temporis, oportunitasque naturalis mutat causam operarum.* (3) En un mot « le fait de l'un n'est jamais absolument équivalent au fait de l'autre. »(4) C'est pour cela, nous dit-on, que l'obligation de faire est essentiellement personnelle.

On pourrait à la rigueur se contenter de cette explication, si l'obligation de faire s'éteignait seulement à la mort du débiteur. Mais nous avons montré qu'elle est également éteinte par la mort du créancier ; et nous ne voyons pas comment on peut parvenir à justifier ce second caractère, avec le système que nous venons d'exposer.

Cette différence entre les obligations de donner et les obligations de faire ne peut s'expliquer, suivant

1. C'est pour cela qu'une promesse de faire est nécessairement incertaine.
2. Loi 31. Dig. XLVI, 3.
3. Loi 26, § 12. Dig. XII, 6.
4. Accarias. Tome II, p. 232, note 2.

nous, que par les exigences du formalisme primitif.
Ces deux classes d'obligations, ainsi que nous l'a-
vons déjà dit, étaient garanties et sanctionnées par
des actions différentes: les unes, par la *condictio certi*,
les autres par la *condictio incerti*. Or la formule de la
condictio certi contenait seulement deux parties, une
intentio et une *condemnatio* ; celle de la *condictio incerti* renfermait un élément de plus, une *demonstratio*, destinée à faire connaître la cause juridique de
l'obligation. C'est la présence de cette *demonstratio*
dans la formule, qui mit obstacle à la transmissibilité des obligations de faire. Nous allons voir comment.

Supposons que Titius ait promis de construire
une maison, et qu'il soit décédé en laissant pour héritier Séius. Si le magistrat délivre au créancier une
action contre cet héritier, la formule de cette action
sera nécessairement conçue de la façon suivante :
*Quod Aulus Agerius Titium insulam ædificaturum sti-
pulatus est, quidquid paret ex eâ re Seium Aulo Agerio
dare facere oportere.....* Ainsi, tandis que la *demonstratio*(1) ne contient que le nom de Titius, le défunt,
c'est le nom de Séius, son héritier, qui figure dans
l'*intentio* et la *condemnatio*. Et le résultat serait le

1. Nous avons vu plus haut qu'une *demonstratio* était nécessaire dans la *condictio incerti*, précisément à cause du caractère
incertain de l'objet du litige.

même, si le créancier était mort, et si son héritier
demandait la délivrance d'une action contre le débiteur. Il y avait là un défaut de symétrie, une contradiction, qui devait choquer les vieux juristes romains ; et, pour respecter la logique, ils décidèrent
que le préteur refuserait la *condictio incerti*, lorsque
l'un des deux contractants serait décédé.

Cette difficulté ne se présentait pas à propos des
obligations de donner. Car la formule de la *condictio
certi*, ne contenant pas de *demonstratio*, ne faisait
aucune allusion à l'acte juridique qui avait donné
naissance à l'obligation, et par suite le nom du demandeur ou du défendeur, c'est-à-dire le nom du
représentant actuel du créancier ou du débiteur fi-
gurait seul dans toutes les parties de la formule.

C'était donc uniquement une question de procédure, une question de forme qui empêchait les obligations de faire, dérivant d'une stipulation, de se
transmettre avec le reste du patrimoine. Les jurisconsultes romains, avec leur esprit ingénieux, ne
tardèrent pas à découvrir un moyen de tourner la
difficulté. Il suffisait de modifier légèrement la formule de la stipulation et d'y introduire les expressions que nous avons indiquées plus haut : *heredemque tuum, heredique meo*. Le magistrat pouvait alors
délivrer une formule de *condictio* rigoureusement correcte et ne donnant aucune prise à la critique. Elle

était sans doute conçue en ces termes : *Quod Aulus Agerius Titium heredemque ejus insulam ædificaturum stipulatus est, quidquid paret ex eâ re Seium, Titii heredem, Aulo Agerio dare facere oportere*..... C'est ainsi que, tout en sauvegardant les principes, on donnait satisfaction aux nécessités pratiques.

Telle fut, suivant nous, l'origine, telle fut la raison d'être de cette différence tout arbitraire entre les obligations de donner et les obligations de faire.

Ce système subsistait encore à l'époque classique. Cependant, les jurisconsultes du IIIe siècle en adoucirent singulièrement la rigueur. Ulpien nous apprend que, pour rendre les obligations de faire transmissibles, il n'est plus nécessaire de mentionner d'une façon expresse les héritiers des deux parties dans la formule du contrat. Il suffit de donner à la stipulation une forme impersonnelle. Ainsi, lorsque j'interroge mon futur débiteur en ces termes : *Promittisne te mihi domum ædificaturum ?* la créance et la dette restent essentiellement personnelles. Mais si l'interrogation renferme ces simples mots : *Promittisne domum ædificari ?* l'obligation sera transmissible et survivra aux deux contractants. Ulpien prend pour exemple la stipulation *Habere licere spondes ?* « Ces mots paraissent signifier, dit-il, que nul ne m'empêchera de jouir paisiblement de l'objet indiqué. Mais, comme on ne peut pas promettre le fait d'autrui, tout ce qu'a pu faire le promettant, c'est de s'engager lui-même et d'engager du même coup ses héritiers et tous ses successeurs (1). »

Le jurisconsulte donne la même solution à propos de la *clausula doli* : « Si l'on veut se garantir contre le dol du promettant et de ses héritiers, il suffit de l'interroger en ces termes : *dolum abesse abfuturumque spondes?* Mais si l'on veut rendre le promettant responsable du dol des tiers, il est nécessaire d'ajouter une clause pénale (2). » Dans cette hypothèse, c'est probablement le mot *abfuturum*, c'est l'emploi de cet infinitif futur qui rend la dette transmissible. (3)

Les anciennes exigences reparaissent, au contraire, au moins au point de vue de la transmissibilité active, lorsqu'il s'agit de la stipulation *Uti frui licere*. Cette particularité s'explique sans peine, étant donné le caractère personnel et viager du droit d'usufruit. Voici comment Ulpien s'exprime à ce sujet : « Si l'on stipule *Uti frui sibi licere*, cette stipulation ne profite pas à l'héritier du créancier. Et quand même on n'aurait pas ajouté le mot *sibi*, le droit né

1. Loi 38, pr. et § 2. Dig. XLV, 1.
2. Loi 38, § 13. Dig. XLV, 1.
3. Un fragment de Vénuleius, la loi 19 pr. Dig. XLVI, 7, confirme entièrement cette manière de voir.

de cette stipulation d'usufruit ne se transmet pas à
l'héritier du stipulant. Il en est autrement si l'on a
stipulé *Uti frui licere sibi heredique suo* (1). »

Toutes ces distinctions perdirent sans doute petit
à petit leur importance et leur intérêt pratique, et
une constitution de Justinien (2) les fit enfin dispa-
raître d'une façon définitive. Nous ne saurions mieux
faire que de citer ses propres paroles : *Veteris juris
altercationes decidentes, generaliter sancimus omnem
stipulationem, sive in dando, sive in faciendo, sive mix-
ta ex dando et faciendo inveniatur, et ad heredes et
contra heredes transmitti, sive specialis heredum fiat
mentio, sive non..... illâ subtili et supervacuâ scrupulo-
sitate explosâ, per quam putabant non esse possibile
factum ab alio compleri, quod alii impositum est.* On ne
saurait trop approuver Justinien d'avoir accompli
cette réforme, et d'avoir enfin débarrassé la législation romaine de ces antiques subtilités, qui avaient
perdu toute raison d'être, depuis que le vieux système formaliste s'était écroulé.

Du caractère essentiellement personnel qu'ils at-
tribuaient aux obligations de faire ou de ne pas
faire, les jurisconsultes avaient déduit une conséquence qui mérite d'être signalée. Celui qui stipu-
lait un fait, pouvait réserver le bénéfice de cette sti-

1. Loi 38 §§ 10, 11, 12. Dig. XLV, 1.
2. Loi 13 Cod. XXXVIII, 8.

pulation à l'un de ses héritiers, au détriment de tous les autres. Lorsqu'il s'agissait au contraire d'une obligation de donner, le droit de créance se transmettait nécessairement à tous les héritiers du stipulant sans distinction. Un fragment de Vénuleius signale cette différence : *Sciendum est, quod dari stipulemur, non posse [nos] uni ex heredibus adquiri : sed necesse esse omnibus adquiri ; at cum quid fieri stipulemur, etiam unius personam recte comprehendi* (1).

1. L. 137 § 8. Dig. XLV, 1.

CHAPITRE V

La loi des Douze Tables avait décidé que les créances et les dettes, faisant partie d'une succession, se diviseraient entre les héritiers en proportion de leur part héréditaire. Mais certaines obligations, par suite de la nature de leur objet, résistaient à cette division légale. De là, la théorie de l'indivisibilité. Nous n'avons pas le dessein d'aborder les innombrables controverses que les jurisconsultes de tous les temps se sont plu à soulever, sous prétexte d'éclaircir cette théorie, et qui n'ont réussi qu'à l'obscurcir davantage. Nous nous proposons seulement de dégager et de mettre en lumière les règles qui étaient propres aux obligations de faire.

Quelles étaient les obligations de faire indivisibles ? Cette indivisibilité avait-elle des conséquences aussi étendues que dans les obligations de donner ? Tels sont les deux points que nous devons tout d'abord examiner. Nous verrons ensuite dans quelle mesure ces différentes règles peuvent se trouver modifiées par l'adjonction d'une clause pénale.

§ 1ᵉʳ. — Quelles sont les obligations indivisibles ?

Parmi les obligations de donner, les unes sont divisibles, les autres sont indivisibles ; tout dépend de la nature et des caractères de l'objet sur lequel elles portent. En est-il de même des obligations de faire ou de ne pas faire ? Ou bien sont-elles toutes indivisibles sans distinction ? Nous trouvons sur ce point, dans les textes de l'époque classique, deux systèmes différents.

Le premier système, qui est celui de Paul, peut se formuler ainsi : une obligation de faire est divisible ou indivisible, selon que le fait promis est ou non susceptible d'une exécution partielle. Ainsi, l'obligation de construire une maison, d'élever un théâtre, est indivisible ; car un ouvrage de cette nature, *opus*, ne peut être propre à sa destination que s'il est achevé (1). Au contraire, lorsque la stipulation a pour objet un certain nombre de journées de travail *(operæ)*, elle se divise, comme si elle portait sur une certaine quantité de choses fongibles (2). La stipulation par laquelle je m'engage à ratifier l'acte

1. Loi 85 § 2. Dig. XLV, 1. — Loi 80 § 1. Dig. XXXV, 2.
2. Loi 54 § 1, Dig. XLV, 1.

qu'un tiers a fait en mon nom, produit également une obligation divisible (1). Nous reconnaitrons encore ce caractère à l'obligation de livrer la possession d'un immeuble, *fundum tradi*.

On applique, dans ce système, la même distinction aux promesses de ne pas faire. C'est une obligation indivisible qui dérive de la stipulation *per te non fieri neque per heredem tuum, quominus mihi ire agere liceat* (2). Car, dès l'instant que l'un des héritiers du débiteur empêche le créancier de passer, l'abstention de tous les autres héritiers ne lui sert à rien. Au contraire, l'obligation de ne pas intenter une nouvelle action, *amplius non agi*, est parfaitement divisible.

Le principe qui domine toutes ces solutions a été exprimé de la façon la plus heureuse par Bartole : *Ea sunt dividua facta*, dit-il, *quæ si pro parte compleantur, tantam afferant utilitatem respectu partis, quantam afferat totum si compleatur respectu totius.* Pour qu'une obligation de faire soit divisible, il faut que l'exécution partielle du fait promis puisse procurer au créancier, dans une mesure restreinte, l'avantage que lui procurerait d'une façon complète l'exécution intégrale. Tel est le système du jurisconsulte Paul ; il est assurément fort rationnel, et c'est celui

---

1. Loi 44 § 6, Dig. X, 2. — Loi 4 § 1, Dig. XLV, 1.
2. Loi 44 § 5, Dig. X, 2. — Loi 2 § 5 ; Loi 4, pr. ; Loi 85 § 3 Dig. XLV, 1.

qui est admis aujourd'hui par tous les interprètes
du Code civil.

Cependant, une doctrine différente s'était produite
dans le droit romain ; et le défenseur de cette doctrine ne manque pas d'autorité : car il n'est autre
qu'Ulpien. Suivant Ulpien, toutes les obligations de
faire ou de ne pas faire sans distinction sont indivisibles.

Pour se convaincre que telle est bien son opinion,
il suffit de lire sans parti pris la loi 72 pr. au titre
de verborum obligationibus.

Voici le texte de cette loi : *Stipulationes non divi-
duntur earum rerum, quæ divisionem non recipiunt : ve-
luti viæ, itineris, actus, aquæductus, cæterarumque ser-
vitutium. Idem puto, et si quis faciendum aliquid stipulatus est : utputa fundum tradi, vel fossam fodiri, vel
insulam fabricari, vel operas, vel quid his simile : horum
enim divisio corrumpit stipulationem.* (1) Ainsi, Ulpien
commence par déclarer d'une façon générale que les
obligations de faire ne sont pas susceptibles de division. Puis, pour donner des exemples, il cite précisément les obligations que les partisans de la doctrine
opposée considèrent comme divisibles, l'obligation de
livrer un fonds de terre, l'obligation de fournir un certain nombre de journées de travail (2). Nous sommes

1. Loi 72, pr. Dig. XLV, 1.
2. Voir l'analyse de l'ouvrage de M. Rubo, faite par M. Guis,
dans la Revue Fœlix. 1841, pages 148 et 971.

donc obligés de reconnaître que Paul et Ulpien ont soutenu sur ce point deux opinions différentes.

C'est ce que la plupart des interprètes du droit romain ne veulent pas admettre. Dumoulin (1), M. de Savigny (2), M. Accarias (3) prétendent qu'Ulpien professait la même doctrine que Paul : il acceptait, disent-ils, les distinctions proposées par Paul, et notamment il considérait comme divisibles la stipulation *fundum tradi* et la stipulation *operarum*.

Mais alors comment expliquer le texte de la loi 72 ? Pourquoi Ulpien a-t-il cité ces deux obligations comme exemples d'obligations indivisibles ? Les partisans de ce système nous répondent qu'il se référait sans doute à une hypothèse spéciale dans laquelle ces obligations devenaient par exception indivisibles. Il supposait, dit M. de Savigny, que ces deux stipulations étaient accompagnées d'une stipulation de peine ; il faut lire le texte de la façon suivante : *utputa fundum tradi, et nisi traditus erit, centum dari.* Et comme l'adjonction d'une clause pénale avait pour effet de rendre indivisible l'obligation qu'elle garantissait, (4) la contradiction apparente

1. Dumoulin. Extricatio labyrinthi... II⁰ partie, n⁰ 278.
2. Savigny. Le droit des obligations, t. I, p. 372.
3. Accarias, tome II, p. 251, note 2.
4. Nous verrons plus loin que nous n'acceptons pas cette doctrine en ce qui concerne les obligations de faire ou de ne pas faire.

entre la doctrine d'Ulpien et celle de Paul se trouve
écartée. 1)

Cette interprétation est fort ingénieuse. Mais,
malgré l'autorité de ses défenseurs, nous ne croyons
pas pouvoir l'accepter. Nous ne pouvons pas admettre qu'Ulpien, en donnant ces exemples, ait oublié
de mentionner cette circonstance spéciale ; nous ne
pouvons pas admettre qu'il ait oublié précisément
les mots les plus importants, ceux qu'il était indispensable de ne pas omettre. Il ne nous semble pas
possible de prêter à ce grand jurisconsulte une dis-
traction aussi inexcusable.

Prenons donc notre texte dans son sens naturel et
bornons-nous à constater qu'Ulpien considérait
toutes les obligations de faire comme indivisibles.
Cette opinion peut s'expliquer dans une certaine
mesure (2). Comme, avec la division matérielle ou
physique, on n'obtient jamais des portions absolument identiques et de même valeur, et comme,
d'autre part, un fait n'est pas susceptible de division
immatérielle, on peut être amené à dire que tous
les faits sont indivisibles. Mais ce point de vue est

---

1. Dumoulin proposait une interprétation différente. Voir Pothier. Traité des obligations, n° 295. — Il paraît qu'au moyen-
âge ou au XVIᵉ siècle, il s'était produit dix-sept systèmes pour
l'explication de cette loi.

2. Molitor. Les obligations en droit romain, t, 1, n° 234

exclusif, et le système de Paul était certainement
préférable au système d'Ulpien.

§ 2.— Quelles sont les conséquences de cette indivisibilité ?

Le débiteur qui avait contracté une obligation
indivisible, est décédé en laissant plusieurs héritiers. Quelle va être la situation de ces héritiers?

Dans les obligations de donner, l'indivisibilité
produit un double effet. En premier lieu, si l'un des
héritiers veut prévenir les poursuites du créancier,
en accomplissant volontairement l'obligation, il doit
l'exécuter intégralement pour se libérer. En second
lieu, à défaut d'exécution volontaire, chacun des héritiers peut être poursuivi et condamné pour le tout (1).

Mais lorsqu'il s'agit d'une obligation de faire ou
de ne pas faire, les effets de l'indivisibilité sont
bien plus restreints. Sans doute, elle met obstacle à
ce qu'un des héritiers se libère par une exécution partielle. Mais, lorsque le créancier, ne pouvant pas
obtenir la prestation du fait indivisible qu'il a stipulé, intente une action en justice, chacun des héritiers ne peut être condamné que pour partie (2).
En effet, nous avons vu que, dans le droit de l'épo-

1. Loi 25 § 10, Dig. X, 2.
2. Cujas, t. I, c. 1211 et c. 1223. — Doneau. t. XI, c. 1212 etc.
1214. — De Vangerow, t. III, § 567. — Molitor. Les obligations en
droit romain, t. I, nº 246.

que classique, l'obligation de faire a pour objet principal le montant des dommages et intérêts. Le fait
n'est, à vrai dire, qu'une *facultas solutionis*, et lorsque le créancier actionne le débiteur, c'est le montant des dommages et intérêts qu'il réclame, c'est-à-
dire une somme d'argent. Voilà pourquoi la poursuite et la condamnation doivent nécessairement se
diviser. En un mot, les obligations de faire ou de ne
pas faire peuvent être indivisibles au point de vue
de l'exécution volontaire ; mais au point de vue de la
condamnation, elles sont toutes également divisibles.

C'est ce que nous dit Ulpien dans la célèbre
loi 72, à laquelle nous revenons sans cesse. Après
avoir déclaré que toutes les obligations de faire sont
indivisibles, il ajoute : Toutefois, ainsi que l'ont enseigné Tubéron et Celsus, l'obligation de faire, en
cas de défaut d'exécution, se transforme en une
dette d'argent ; en sorte qu'elle est susceptible de
division au point de vue de la poursuite et de la
condamnation (1).

Le système que nous venons d'exposer était ad-
mis par les grands romanistes du XVIe siècle. Voici
comment s'exprime Cujas, dans son commentaire
de la loi 72 : *Additur etiam in hac lege factum non
posse dividi, ut si stipuler vacuam possessionem tradi,*

_____

1. Loi 72, pr. Dig. XLV, 1.

*vel domum ædificari... Æstimatio tamen facti et id quod
interest dividi potest... Æstimationis quanti ea res est
petitionem esse hoc loco ait aperte* (1). Le langage de
Doneau est encore plus explicite : *In faciendi obligationibus, si factum non sit, quod promissum est, pecuniam dari oportet, æstimationem nimirum ejus quod interest, quod stipulatione continetur. Omnis autem dandi,
sed præcipue pecuniæ, et quantitatis stipulatio divisionem seu partis præstationem recipit* (2).

Cette doctrine a été vivement combattue par M.
de Savigny. (3) Suivant lui, il n'y a point de différence, au point de vue de l'indivisibilité, entre l'o-
bligation de faire et l'obligation de donner : dans
un cas comme dans l'autre, chacun des héritiers
peut être poursuivi et condamné aux dommages et
intérêts pour la totalité de la dette. M. de Savigny
se fonde sur un certain nombre de textes où il est
dit, à propos d'obligations de faire indivisibles, que
chacun des héritiers est tenu pour le tout, *tenentur
in solidum* (4).

Nous pouvons aisément écarter cette objection.
Ces mots *tenentur in solidum* se rapportent à l'exécution volontaire de l'obligation : ils signifient que

1. Cujas, tome I, c. 1211 et c. 1223.
2. Doneau. t. XI, c. 1212 et c. 1214.
3. De Savigny. Le droit des obligations, tome I, p. 398. — Accarias, t. II, p. 255.
4. Loi 80 § 1. Dig. XXXV, 2. — Loi 85 § 2. Dig. XLV, 1.

celui des héritiers qui désire se libérer doit procurer une satisfaction complète au créancier (1). Mais ils n'ont pas trait à la condamnation pécuniaire à laquelle aboutissent les poursuites judiciaires.

Nous croyons donc pouvoir dire que, dans les obligations de faire ou de ne pas faire, l'indivisibilité a pour unique effet de mettre obstacle à une exécution volontaire partielle.

§ 3. — Ces règles sont-elles modifiées par l'adjonction d'une clause pénale ?

Dans les obligations de donner, la présence d'une stipulation de peine peut exercer un double résultat, relativement à l'indivisibilité.

Elle a d'abord pour effet de rendre indivisibles, au point de vue du paiement, les obligations qui sont naturellement divisibles. Titius a promis, par exemple, une somme d'argent, et, pour le cas où il ne paierait pas à l'échéance, il a promis une somme plus forte à titre de peine. Il meurt, laissant plusieurs héritiers. L'un de ces héritiers veut-il se libérer ? Il ne peut le faire, il ne peut se mettre à l'abri de la peine, qu'en payant l'intégralité de la dette (2). Un paiement partiel ne lui servirait à rien. Car si ses

---

1. Dans la loi 85, Dig. XLV, 1., ces mots *in solidum tenentur* sont suivis de ceux-ci : *quia operis effectus in partes scindi non potest.*

2. Loi 25 § 13, Dig. X, 2. — Loi 5 § 3, Dig. XLV, 1.

cohéritiers ne payaient pas le surplus, la peine serait encourue, et encourue par tous : elle le frapperait au même titre que les autres. Pour comprendre cette règle, il faut se rappeler quel était, en droit romain, le caractère de la clause pénale. Elle se présentait comme une stipulation conditionnelle, dont l'objet de l'obligation principale formait la condition. Or, comme une condition est en général indivisible dans son accomplissement (1), comme une condition qui ne s'accomplit pas complètement, est réputée défaillante, cet objet devenait indivisible, à raison du rôle qu'il jouait dans cette stipulation accessoire.

A l'inverse, la stipulation de peine qui garantit une obligation de donner, a pour effet de rendre divisible, au point de vue de la condamnation, l'obligation qui aurait été indivisible, si elle avait été contractée purement et simplement. Ainsi Titius a promis de constituer une servitude : chacun de ses héritiers peut être poursuivi et condamné aux dommages et intérêts pour le tout, *in solidum*. Mais si Titius a promis accessoirement une peine, chacun des héritiers ne peut être condamné à payer qu'une partie de cette peine correspondant à sa portion héréditaire. Tels sont les deux effets de la stipulation de peine dans les obligations de donner.

1. Loi 56, Dig. XXXV, 1.

Dans les obligations de faire ou de ne pas faire, l'adjonction d'une clause pénale ne produit aucun de ces deux résultats. Quant au second, il est facile de comprendre pourquoi il ne peut pas se produire, puisque, au point de vue de la condamnation, ainsi que nous l'avons vu plus haut, les obligations de faire sont toutes et toujours divisibles.

Nous croyons pouvoir démontrer que le premier résultat ne se produit pas davantage. Suivant nous, lorsqu'une obligation de faire divisible a été corroborée par une stipulation de peine, elle reste divisible : un des héritiers peut se libérer en exécutant, pour sa part, le fait promis : et lorsque la peine est encourue, elle frappe seulement ceux qui ont contrevenu à l'obligation principale.

C'est ce qui nous paraît résulter de la façon la plus claire d'un texte de Paul, la loi 4 au titre *de verborum obligationibus* (1). Voici, en substance, ce que cette loi contient : « D'après Caton, lorsqu'une peine pécuniaire a été promise comme sanction d'une obligation de faire, et lorsque l'un des héritiers du promettant a contrevenu à l'obligation, tantôt la peine est encourue par tous, tantôt elle est encourue seulement par le coupable. Elle est encourue par tous, si le fait promis est indivisible, par exemple

1. Loi 4 § 1, Dig. XLV, 1.

dans la stipulation *iter fieri*. Si, au contraire, le fait promis est susceptible de division, comme dans la stipulation *amplius non agi*, celui-là seul qui a contrevenu à l'obligation encourra la peine, et il l'encourra seulement pour sa part héréditaire. » On a voulu soutenir qu'il ne fallait voir là qu'une opinion isolée : Paul se serait contenté de reproduire la doctrine de Caton, tout en la considérant comme inexacte. Mais il n'y a pas un seul mot dans le texte qui indique une pensée de désapprobation. Bien loin de critiquer ce système, Paul, qui commence par faire parler Caton, prend la parole pour son propre compte, à partir des mots *sed videamus*, montrant par là qu'il adopte et qu'il s'approprie la distinction proposée.

D'ailleurs, un autre texte achève de nous convaincre que tel est bien son sentiment (1). Il suppose, dans la loi 85, § 3, une stipulation ainsi conçue : *per te heredemve tuum non fieri, quominus eam agam : si adversus ea factum sit, tantum dari.* « Si le débiteur, dit-il, a laissé plusieurs héritiers, et si l'un de ces héritiers m'empêche de passer, je me range à l'opinion de ceux qui pensent que par le fait d'un seul tous sont tenus ; car, bien que l'obstacle vienne d'un seul, ce n'est cependant pas pour partie seu-

1. Loi 85 § 3. Dig. XLV, 1.

lement que je suis empêché de passer. » Paul admet donc que, dans cette hypothèse, la peine est encourue par tous. Mais pourquoi l'admet-il? il nous le dit lui-même : c'est parce que, dans une obligation de cette nature, une exécution partielle ne peut pas satisfaire le créancier ; en d'autres termes, c'est parce que cette obligation est indivisible. Par conséquent, s'il s'agissait d'une obligation de faire divisible, il donnerait certainement une solution tout opposée.

Ces deux textes nous autorisent à décider que les obligations de faire divisibles ne changent pas de nature, lorsqu'elles sont garanties par une stipulation de peine.

Il est assez difficile d'expliquer pourquoi la législation romaine a établi une différence, à ce point de vue, entre les obligations de donner et les obligations de faire. Voici, suivant nous, l'hypothèse la plus vraisemblable. Lorsque la stipulation de peine accompagnait une obligation de donner divisible, les jurisconsultes, interprétant l'intention des parties, supposaient que le stipulant avait eu recours à cette clause pénale dans le but d'écarter les inconvénients résultant de la divisibilité. Mais lorsqu'il s'agissait d'une obligation de faire, il était difficile de prêter aux contractants une pareille pensée. En effet, comme les stipulations qui avaient

pour objet un fait ou une abstention, étaient habituellement accompagnées d'une stipulation de peine,
on devait présumer que les parties n'avaient pas eu
d'autre intention que de se conformer à l'usage, et
de fixer à l'avance le montant des dommages et intérêts.

CHAPITRE VI

Celui qui a stipulé un fait ou une abstention,
possède, pour faire valoir son droit en justice, la *condictio incerti*.

Cette *condictio*, que les textes désignent fréquemment sous le nom d'*actio ex stipulatu*, lorsqu'elle est
mise en mouvement en vertu d'une stipulation (1),
diffère de la *condictio certæ pecunia* et de la *condictio
de aliâ certâ re* par la rédaction de sa formule, qui
renferme le mot *facere* Ainsi que nous l'avons dit
dans un chapitre précédent, c'est la moins ancienne
des trois *condictiones*, c'est par suite du progrès des
idées juridiques qu'elle est venue se placer à côté
des deux actions primitives, dont la formule ne renfermait que le mot *dare*, et dont l'objet était aussi
certain que celui de la revendication.

Il serait intéressant de rechercher dans quelle

1. pr. Instit. III, 15.

mesure la nature et les effets de la *condictio* se sont
trouvés modifiés par l'introduction dans la formule
de cet élément nouveau, le *facere*. Sans aller jusqu'à
soutenir, comme M. Maynz (1), que la *condictio incerti* était une action de bonne foi, nous pourrions
montrer qu'elle se rapprochait, par certains côtés,
des actions de bonne foi, et qu'elle formait comme
une transition entre ces actions et les vieilles actions
de droit strict (2). Mais il ne nous est pas permis
d'aborder cette étude qui nous éloignerait des obligations de faire ou de ne pas faire.

Ces obligations, lorsqu'elles avaient été contractées sous la forme d'une stipulation, avaient donc
pour sanction naturelle et normale la *condictio incerti*. Elles pouvaient aussi donner lieu à l'exercice
d'une *condictio certæ pecuniæ*. Il en était ainsi tout
d'abord, lorsque la stipulation portant sur un fait
ou une abstention, avait été accompagnée d'une

1. Maynz, Cours de Droit romain, t. I, § 138 et t. II, §§ 280 et
331.
2. Tout d'abord la *plus petitio* n'était pas possible dans la *condictio incerti*. De plus, pour prononcer la condamnation, le juge, au lieu d'évaluer la valeur intrinsèque de l'objet de l'obligation, comme dans la *condictio certi*, devait apprécier le préjudice causé au demandeur par l'inexécution. Loi 22 Dig. XII, 1. —
Lois 3 et 4 Dig. XIII, 3. — Loi 193 Dig. L. 16. — L'estimation était
objective dans la *condictio certi* : elle était au contraire *subjec-
tive* dans la *condictio incerti*. (Jhering. L'Esprit du Droit romain, tome II, pages 109 et 111).

stipulation de peine. Mais, alors même que le fait avait été stipulé purement et simplement, le créancier pouvait demander au magistrat la délivrance d'une *condictio certæ pecuniæ*.

En effet, le domaine de cette *condictio* dont le mécanisme répondait si bien aux idées romaines, avait été singulièrement élargi par les jurisconsultes. On pouvait l'employer en vertu de toute obligation contractuelle, quel que fût d'ailleurs l'objet de l'obligation, quelle que fût la nature du contrat qui lui avait donné naissance. Au lieu de laisser au juge le soin d'évaluer le montant des dommages et intérêts, le créancier pouvait faire lui-même cette évaluation à ses risques et périls ; il pouvait préciser le chiffre de la condamnation pécuniaire à laquelle il croyait avoir droit, et réclamer cette somme au moyen d'une *condictio certi* (1). Sans doute, il agissait alors *cum periculo*, il s'exposait aux dangers de la *plus petitio*. Mais, en revanche, il évitait l'arbitraire du juge, et il pouvait exiger de son adversaire la *sponsio tertiæ partis*.

Cette doctrine s'appuie sur un texte d'Ulpien, la

1. Accarias, t. II, p. 1166. — Maynz. Cours de droit Romain, tome II, § 195. — M. Keller (Traité des actions, p. 431) pense que cette règle n'a été établie qu'à la fin de l'époque classique. Mais un passage de Cicéron, bien souvent cité, semble montrer qu'elle était déjà admise de son temps. (De Oratore I, 36.)

loi 9 au titre *de rebus creditis* (1) : « La *condictio certi*,
dit ce jurisconsulte, peut être légalement donnée
en vertu de toute cause, en vertu de toute obligation, pourvu que le créancier réclame une chose
certaine : qu'il s'agisse d'un contrat certain, ou d'un
contrat incertain, cela importe peu. Car il nous est
loisible d'exercer la *condictio incerti* en vertu de
toute espèce de contrat, pourvu que l'obligation
soit actuellement exigible ; mais si elle est affectée
d'un terme ou d'une condition, nous ne pouvons
pas agir avant l'arrivée du terme ou de la condition. »

M. de Savigny (2), prétend que cette faculté d'user
de la *condictio certi* n'était accordée qu'autant que
l'obligation avait par elle-même un objet certain.
Mais, le texte contient un membre de phrase qui ne
nous permet pas d'admettre cette interprétation :
Sive ex certo contractu petatur, sive ex incerto. M. de
Savigny est obligé de traduire ces expressions de la
manière suivante : soit qu'il s'agisse d'un contrat
portant un nom spécial, soit qu'il s'agisse d'un contrat innommé. Mais il ne peut citer aucun autre
texte qui emploie ces mots *contractus certus, contractus incertus*, avec une pareille acception.

1. Loi 9 pr. Dig. XII, 1.
2. Savigny. Traité de Droit romain. T. V. Appendice XIV.

D'ailleurs, notre système se trouve confirmé par des scholies de Cyrille et de Stéphane qui suivent, aux Basiliques, le texte de la loi 9. Stéphane s'exprime ainsi : *Dici autem potest in stipulationibus quæ in faciendo consistunt posse quem, æstimatione per se facta quod interest, certum condicere.*

Nous croyons (1) donc pouvoir dire que le créancier qui avait stipulé un fait, avait le choix entre la *condictio incerti* et la *condictio certæ pecuniæ*.

Il nous reste un dernier point à examiner. Lorsque le stipulant se servait de la *condictio incerti,* à quel résultat aboutissait cette action ? En d'autres termes, quelle était, en droit romain, la sanction des obligations de faire ou de ne pas faire ?

Si nous nous plaçons à l'époque classique, la réponse n'est pas douteuse. A cette époque, en effet, le créancier ne peut jamais obtenir autre chose qu'une réparation pécuniaire, même lorsqu'il s'agit de l'obligation de donner un esclave ou un fonds de terre. A plus forte raison, la condamnation doit toujours être pécuniaire, dans l'obligation de faire ou de ne pas faire, puisque cette obligation, ainsi que nous l'avons montré, a en réalité pour objet le montant des dommages et intérêts (2).

---

1. Nous pourrions encore invoquer deux textes du Digeste : la loi 5 Dig. XLIV, 2, et la loi 28 § 4. Dig. XII, 2.
2. Loi 13 § 1. Dig. XLII, 1.

Au temps de Justinien, bien des changements se sont produits, à ce point de vue, dans la législation. Tout d'abord la nature de l'obligation de faire s'est modifiée : le fait n'est plus seulement *in facultate solutionis*, il est *in obligatione* ; la créance, l'action n'ont pas d'autre objet. En second lieu, le principe des condamnations exclusivement pécuniaires a disparu pour faire place au principe de l'exécution spécifique. Par conséquent, rien ne s'oppose désormais à ce que le juge condamne directement le débiteur à faire ou à ne pas faire. C'est ce que nous dit, en effet, une constitution de Justinien (1).

Toutefois, cette règle nouvelle pouvait-elle s'appliquer d'une façon absolue à toutes les obligations de faire ou de ne pas faire ? Il est permis d'en douter. On fut sans doute amené, par la force même des choses, à admettre une distinction qui est aujourd'hui consacrée par le Code civil. Lorsque le fait promis était personnel au débiteur, lorsque lui seul pouvait l'accomplir, l'exécution forcée était impossible, puisqu'on n'aurait pu l'obtenir qu'en exerçant une contrainte matérielle sur la personne du débiteur. Le créancier devait se contenter d'un dédommagement pécuniaire. Les anciens principes continuaient à régir cette hypothèse, et le texte de

1. Loi 14, Cod. VII, 45.

Celsus trouvait alors son application : *in pecuniam numeratam condemnatur, sicut evenit in omnibus faciendi obligationibus.*

Au contraire, lorsque le fait promis pouvait être accompli par d'autres que le débiteur, sans préjudice appréciable pour le créancier, celui-ci pouvait se faire autoriser par le juge à exécuter lui-même ou à faire exécuter l'obligation aux frais du débiteur. On appliquait aux obligations de cette nature la règle nouvelle posée par Justinien.

Ainsi commençait à se former une doctrine qui devait achever de s'élaborer dans les ouvrages de nos anciens auteurs, pour aboutir aux articles 1142, 1143 et 1144 du Code civil.

DROIT FRANÇAIS

—

DU

RETRAIT D'INDIVISION

INTRODUCTION

Le régime de communauté, lorsqu'on le considère dans son ensemble, présente comme deux aspects, comme deux faces différentes, on en a fait depuis longtemps la remarque. Le législateur, en réglant la situation respective des époux sous ce régime, obéit à deux tendances opposées qui se corrigent et se complètent l'une l'autre.

Il commence par investir le mari des pouvoirs les plus étendus. Il lui donne le gouvernement de la communauté, non pas comme à un gérant tenu de rendre compte, mais comme à un maître irresponsable. Le patrimoine de la communauté est presque la chose du mari, tant que dure le mariage : il peut en disposer, il peut le dissiper, le compromettre, même par ses fautes et ses délits. La loi va plus loin en-

core : elle lui confère le droit d'administrer la fortune propre de la femme ; de telle sorte que tous
les biens du ménage se trouvent réunis entre les
mains du mari qui en a la direction et la jouis-
sance.

Mais le législateur, après avoir placé la femme
dans un pareil état d'infériorité et de dépendance,
après l'avoir dépouillée de toute initiative quant à
ses biens propres, de tout contrôle quant à la gestion de la communauté, a introduit en sa faveur un
certain nombre de priviléges qui rétablissent l'équi-
libre. Système des récompenses, hypothèque légale, droit de renoncer à la communauté, bénéfice
d'émolument, séparation de biens judiciaire : la loi
qui tout à l'heure multipliait les pouvoirs aux mains
du mari, multiplie maintenant les sûretés et les
garanties au profit de la femme.

Le *retrait d'indivision*, qui fait l'objet de cette
étude, est un de ces priviléges, une de ces garanties
exorbitantes qui servent de contrepoids aux pouvoirs exorbitants, eux aussi, dont le mari est in-
vesti sous le régime de communauté.

Ce bénéfice organisé par l'article 1408 § 2 du
Code civil, et généralement connu sous le nom de
Retrait d'Indivision, consiste en un certain *droit d'option* exceptionnellement conféré à la femme. Le mari
se rend acquéreur d'un immeuble dont elle était

propriétaire par indivis : telle est l'hypothèse. Quelle
sera la condition juridique de cet immeuble ?
Sera-t-il un bien propre ? Sera-t-il un bien de communauté ? Par une dérogation étrange au droit commun, la loi ne tranche pas cette question. C'est à la
femme qu'il appartient de fixer, suivant sa conve-
nance, le sort de ce bien. Par une faveur spéciale,
elle est maîtresse d'en faire, à son gré, un propre ou
un conquêt.

Comme toutes les garanties que la loi organise au
profit de la femme mariée, et particulièrement au
profit de la femme commune, ce droit d'option répond à une pensée de défiance vis-à-vis du mari. Le
danger que le législateur redoute, dans notre hypothèse, est d'une nature toute spéciale. Il craint que
le mari ne se serve de son autorité et de son influence
pour empêcher la femme d'acquérir elle-même, en
son nom personnel, l'immeuble dont elle était déjà
propriétaire pour une part indivise. Tel est l'abus
de pouvoir dont le législateur a entendu la préserver en lui conférant ce droit d'option exceptionnel.

Quel intérêt aurait donc la femme à faire elle-
même cette acquisition ? Et quel intérêt le mari
peut-il avoir à l'en détourner ? C'est ce qu'il nous
faut maintenant préciser.

Si la femme qui possède déjà une portion indivise, un quart, une moitié d'un immeuble, faisait

elle-même l'acquisition des parts de ses copropriétaires, ou bien se portait elle-même adjudicataire de la totalité de l'immeuble, cette opération aurait pour résultat de lui constituer un bien propre ; l'immeuble ainsi acquis ne tomberait pas dans la communauté. Aux termes de l'article 1408 — § 1, lorsque l'un des deux époux acquiert à titre onéreux, au cours du mariage, un immeuble dont il possédait antérieurement une part indivise, au lieu de former un conquêt, comme l'exigeraient les principes généraux du régime de communauté, cet immeuble forme un propre pour l'époux acquéreur. « L'acquisition faite pendant le mariage, à titre de « licitation ou autrement, de portion d'un immeu- « ble dont l'un des époux était propriétaire par in- « divis, ne forme point un conquêt; sauf à indem- « niser la communauté de la somme qu'elle a four- « nie pour cette acquisition. »

Mais, le mari peut avoir intérêt à empêcher sa femme de faire cette acquisition, qui aurait pour résultat de lui créer un propre. Car, s'il réussit à l'en dissuader, il pourra se porter lui-même acquéreur de l'immeuble, en son nom personnel. De cette façon, la disposition de l'article 1408-1° ne pourra pas s'appliquer, et l'opération, si elle est avantageuse, profitera à la communauté, et par suite au mari.

Il conseillera donc à sa femme de ne pas acheter les parts de ses copropriétaires, de ne pas se porter adjudicataire. Il lui représentera que cette acquisition n'est pas sans danger : « Il vaut mieux, lui dira-t-il, que je la fasse en mon nom personnel, à mes risques et périls, aux risques et périls de la communauté. Ne compromettez point votre patrimoine propre : laissez-moi faire. » Et le plus souvent la femme qui, sous le régime de la communauté, est tenue à l'écart de l'administration de ses biens, et qui a l'habitude de s'en remettre à son mari pour tout ce qui concerne ses intérêts pécuniaires, ne pourra guère contrôler ces assertions. Elle accèdera sans défiance aux désirs de son mari. Ainsi, le mari aura profité de sa situation de chef du ménage et de l'ascendant naturel qu'il exerce sur l'esprit de sa femme, pour l'empêcher de bénéficier de la disposition écrite dans l'article 1408-1°.

Il fallait mettre la femme à l'abri d'un pareil abus de pouvoir. Un premier moyen s'offrait au législateur : il pouvait décider que cette acquisition, bien qu'elle fût faite par le mari en son nom personnel, serait réputée faite au nom et pour le compte de la femme, et que le bien acquis lui serait propre. Mais cette solution, en préservant la femme du péril dont nous venons de parler, l'eût exposée à un danger d'une autre nature. Il eût été loisible au

mari de lui imposer une acquisition désavantageuse, et de compromettre son patrimoine propre
par une opération à laquelle elle n'aurait pas parti-
cipé.

Quel caractère fallait-il donc attribuer à cet immeuble que le mari acquiert, au cours du mariage,
en son nom personnel, et qui appartenait par indivis à la femme ? Il était dangereux, nous venons de
le voir, d'en faire *a priori* un conquêt de communauté ; il était dangereux aussi d'en faire *a priori*
un propre de la femme. Entre ces deux partis ex-
trêmes, il restait une solution intermédiaire qui as-
surait une pleine garantie aux intérêts de la femme :
c'est celle que les rédacteurs du Code civil ont consacrée. Au lieu de déclarer que cet immeuble sera
un propre ou qu'il sera un conquêt, la loi accorde
à la femme un droit d'option. Si l'acquisition est
avantageuse, elle en revendiquera pour elle-même
les bénéfices. Si l'opération est mauvaise, elle la
laissera à la charge de la communauté. Et elle ne
sera tenue de prendre un parti qu'à la dissolution
de la communauté, car c'est alors seulement qu'elle
recouvre toute son indépendance. Tels sont les traits
généraux de l'institution qui est organisée par l'article 1408-2° § du Code civil.

« Dans le cas où le mari deviendrait seul, et en
son nom personnel, acquéreur ou adjudicataire de

portion ou de la totalité d'un immeuble appartenant par indivis à la femme, celle-ci, lors de la dissolution de la communauté, a le choix ou d'abandonner l'effet à la communauté, laquelle devient
alors débitrice envers la femme de la portion appartenant à celle-ci dans le prix, ou de retirer l'immeuble, en remboursant à la communauté le prix de
l'acquisition. »

Sans doute, la disposition légale dont nous entre-
prenons l'étude, n'a qu'une portée restreinte, et son
application pratique n'est pas très-fréquente. Mais,
au point de vue doctrinal, à raison des principes
juridiques qu'elle met en jeu et des controverses
nombreuses qu'elle soulève, cette disposition nous
semble mériter un examen approfondi.

Nous retracerons d'abord l'histoire de ce droit
d'option. Puis nous essaierons de déterminer d'une
façon précise sa nature juridique, et de justifier ce
titre de *Retrait d'Indivision* que nous avons placé en
tête de notre travail.

Nous nous demanderons ensuite sur quoi porte ce
droit d'option : à quelles conditions il peut être
exercé ; par qui il peut être exercé ; à quelle époque
il doit être exercé ; quels en sont les effets.

Enfin, nous aurons à rechercher si cette institution est spéciale au régime de communauté, ou s'il
est, au contraire, permis de l'étendre aux autres
régimes matrimoniaux.

CHAPITRE PREMIER

HISTOIRE DU DROIT D'OPTION CONFÉRÉ A LA FEMME.

L'idée d'un droit d'option accordé à la femme,
qui nous semble aujourd'hui si simple, ne devait
pourtant se faire jour que fort tard, et après bien
des tâtonnements. Le législateur n'est pas arrivé du
premier coup à concevoir et à organiser cette mesure
de protection si complète et si sage. Il s'est d'abord
arrêté à un système différent, que nous avons indiqué dans nos explications préliminaires, système
imparfait et défectueux, puisqu'en protégeant la
femme contre certains périls, il l'expose à des dangers d'une autre nature. Sa première pensée fut, en
effet, de dépouiller le mari des portions indivises
dont il avait fait l'acquisition, pour les attribuer à
la femme, et pour les lui attribuer même contre son
gré. Au lieu de lui offrir cet accroissement de propriété, on le lui imposait ; elle ne pouvait pas s'y
dérober.

Telle fut la règle établie par le droit romain ; et
ce premier système, le système de la *propriété im-*

posée à la femme, est resté longtemps en vigueur avant de faire place au *système du droit d'option*.

Chose étrange ! Cette institution qui aujourd'hui semble étroitement liée au régime de communauté, a pris naissance en plein régime dotal, et la disposition de notre article 1408-2° a son origine dans une loi romaine.

C'est la loi 78, § 4, au Digeste, *De jure dotium*, qui s'exprime en ces termes : « Si fundus communis in dotem datus erit, et socius egerit cum marito communi dividundo, adjudicatusque fundus socio fuerit, in dote erit quantitas, qua socius marito damnatus fuerit....... Quod si marito fundus fuerit adjudicatus, pars utique data in dotem dotalis manebit ; divortio autem facto, sequetur restitutionem, propter quam ad maritum pervenit, etiam altera portio, scilicet ut recipiat tantum pretii nomine a muliere, quantum dedit ex condemnatione socio : nec audiri debebit alteruter eam æquitatem recusans ; aut mulier in suscipiendà parte alterà quoque, aut vir in restituendà. »

Le jurisconsulte Tryphoninus suppose dans ce texte qu'une femme a apporté en dot à son mari une portion indivise d'un immeuble. Le copropriétaire exerce contre le mari l'action en partage. Si l'immeuble est adjugé à ce copropriétaire, la somme d'argent qu'il verse entre les mains du mari, remplace

6

le fonds apporté par la femme et devient dotale. Si l'immeuble est adjugé au mari (c'est bien notre hypothèse), la portion indivise apportée en dot reste dotale. Mais quel va être le sort de l'autre portion? Le jour de la dissolution du mariage, le mari qui l'a acquise en son nom personnel et payée de ses deniers, pourra-t-il la conserver ? Point du tout : il devra la restituer à sa femme, sauf à se faire rembourser la somme qu'il a dû payer au copropriétaire écarté. Il est donc dépouillé par la loi de ce qu'il a acquis, il en est dépouillé au profit de sa femme. Et celle-ci n'a rien qui ressemble à notre droit d'option : si son mari ne peut pas refuser de lui restituer l'immeuble tout entier, de son côté, elle ne peut pas refuser de s'en charger. Ils ne peuvent, ni l'un ni l'autre, se dérober à cet arrangement qui est équitable aux yeux de la loi, et qu'elle leur impose : *nec audiri debebit alteruter eam æquitatem recusans.*

Propriété retirée au mari et imposée à la femme, point de droit d'option pour celle-ci ; voilà sous quels traits nous apparaît, à son origine, l'institution qui deviendra un jour le retrait d'indivision.

Elle diffère encore à un autre point de vue de notre institution actuelle. Dans le système organisé par la loi 78, le mari, après avoir acquis la portion indivise du copropriétaire, conserve, jusqu'à la dis-

solution du mariage, la faculté de priver sa femme
du droit d'accroissement, en aliénant cette portion
ou en la grevant de servitudes ou d'hypothèques. Il
en garde en effet la propriété, tant que dure le mariage, et une propriété libre de toute entrave, puisque cette part indivise nouvellement acquise n'est
point dotale. Sans doute, si elle se trouve encore
entre ses mains, au moment de la restitution de la
dot, il est obligé de la remettre à sa femme, en
même temps que la part qu'elle lui avait apportée
en dot. Mais la loi 78 n'attache aucun effet rétroactif à cette expropriation, de telle sorte que les droits
de la femme sont incertains et restent à la merci
du mari jusqu'à la dissolution du mariage.

Avant de quitter le droit romain, nous voudrions
rechercher pour quels motifs les jurisconsultes de
l'époque classique ont admis cette règle. Se sont-ils
proposé, d'une façon toute spéciale, de protéger la
femme contre un abus de pouvoir du mari? Cela
n'est pas certain ; et nous croyons plutôt qu'en
consacrant la solution que nous trouvons énoncée
dans la loi 78, ils n'ont fait qu'appliquer les règles
générales qu'ils avaient admises au sujet de la restitution de la dot.

Il était, en effet, de principe que la dot devait
être restituée, à la dissolution du mariage, avec tous
les accessoires qui avaient pu venir l'accroître, *avec*

tout l'augment survenu (1), comme disaient nos anciens auteurs. Ainsi, l'accroissement que le fonds dotal pouvait recevoir par suite d'alluvions, profitait à la femme : « Si prædiis inæstimatis aliquid accessit, hoc ad compendium mulieris pertinet. » (2) S'agissait-il d'une esclave : les enfants qu'elle avait pu mettre au jour depuis la constitution de dot, devaient être restitués en même temps qu'elle. « Si servi subolem ediderunt, mariti lucrum non est. » (3) La dot comprenait-elle une nue-propriété : si l'usufruit s'était réuni à cette nue-propriété au cours du mariage, c'était la pleine propriété que la femme pouvait réclamer à son mari. « Si proprietati nudæ in dotem datæ ususfructus accesserit, incrementum videtur dotis, non alia dos : quemadmodum si quid alluvione accessisset. » (4) En un mot, le mari devait restituer non seulement la dot, mais encore tout ce qui était venu la grossir entre ses mains.

Comment les jurisconsultes n'auraient-ils pas étendu cette règle à notre espèce ? Alors que l'accession de l'usufruit à la nue-propriété profitait à la femme, pourquoi la réunion d'une part indivise à une autre part indivise ne lui aurait-elle pas éga-

1. Guy du Rousseaud de Lacombe. Recueil de Jurisp. civile. V° Dot.
2. Loi 10 § 1. Dig. De Jure dotium.
3. Loi 10 § 2. Dig. De Jure dotium.
4. Loi 4, Dig. De Jure dotium.

lement profité ? Il y a, là aussi, comme un accroissement naturel et presque nécessaire ; car le mari est
bien obligé de se charger de l'immeuble tout entier,
s'il ne veut pas laisser échapper la portion que sa
femme lui a apportée en dot. C'est pour conserver
cette portion qu'il acquiert celle du copropriétaire :
altera portio sequetur restitutionem, nous dit le jurisconsulte, *propter quam ad maritum pervenit*. C'est bien
moins l'acquisition d'un bien nouveau que l'aug-
mentation du bien apporté en dot par la femme.
Voilà pourquoi le mari est obligé de restituer, et la
femme obligée de reprendre l'immeuble tout entier.

Cette institution que le droit romain de l'époque
classique a créée, et dont nous venons de retracer
l'origine et d'indiquer les principaux caractères,
s'est maintenue et développée dans notre ancienne
France ; et nous devons maintenant suivre ses vicis-
situdes, d'abord dans les provinces qui considéraient
la loi romaine comme leur loi écrite, puis dans les
pays coutumiers.

Les provinces du midi de la France adoptèrent
ou plutôt conservèrent purement et simplement la
règle de droit posée par la loi 78. Jusqu'à la fin de
l'ancien régime, elles l'ont laissée subsister sans y
rien changer ; et, quoi qu'on en ait dit, le droit d'op-

tion n'a point fait son apparition dans les pays de droit écrit avant le Code civil.

L'opinion contraire est très-répandue. On enseigne généralement que les parlements du Midi, tout en adoptant la loi 78, l'avaient corrigée, et qu'ils permettaient à la femme de répudier la propriété des parts indivises acquises par son mari. « Admise dans les pays de droit écrit et dans les pays de coutume, dit M. Dalloz, la loi romaine reçut des modifications qui en tempérèrent la rigueur..... Tout en consacrant le principe que la part acquise par le mari accroissait à la femme, l'ancienne jurisprudence permit à celle-ci de répudier cette propriété, si elle jugeait l'opération préjudiciable..... Le retrait d'indivision, ainsi modifié, était admis notamment par les parlements de Toulouse et de Bordeaux (1). » Cette doctrine se retrouve dans nombre d'auteurs (2) et dans plusieurs arrêts (3).

Mais, on chercherait vainement une preuve à l'appui de cette affirmation tant de fois répétée. On invoque, il est vrai, l'autorité de Roussilhe, l'oracle de l'ancien droit en matière de régime dotal. Or il se trouve précisément que Roussilhe déclare de la

1. Dalloz, Rép. Alph. V° Contrat de mariage. nᵒˢ 830, 831.
2. Troplong. Traité du contrat de mariage, t. I, nᵒ 646. — Rodière et Pont. Contrat de mariage, t. I, p. 536.
3. Cour de Riom, 10 fév. 1836, Sirey 1836, 2, 186. — Cour de cassation, 8 mars 1837, Sirey 1837, 1, 331.

façon la plus claire qu'il n'existe pas de droit d'option au profit de la femme (1).

Il exprime sa pensée, à ce sujet, à deux reprises différentes. Il suppose d'abord que le mari a acheté à l'amiable, en son nom personnel, les parts des copropriétaires de sa femme, et il décide qu'à la dissolution du mariage il doit les abandonner à celle-ci ou à ses héritiers, sauf à réclamer le remboursement de la somme qu'il a payée pour les acquérir. « S'il a accepté des ventes ou transports, de la part de ses beaux-frères, de leur portion héréditaire, il ne peut, après la dissolution du mariage, réclamer ces droits en fonds contre sa femme ou ses héritiers, mais uniquement les sommes qu'il a déboursées, parce qu'il est présumé avoir accepté les traités pour sa femme. »

Va-t-il ajouter que la femme peut refuser le bénéfice de cette accession, et abandonner au mari les parts qu'il a achetées? Point du tout. Il ajoute, au contraire, qu'elle ne peut pas se soustraire aux conséquences de cette acquisition que le mari est censé avoir faite pour elle et dans son intérêt. « En conséquence, il peut de son côté contraindre les héritiers de celle-ci à lui rendre le prix des transports qu'il avait acceptés, sans que ceux-ci soient fondés à lui opposer que celui qui a

1. Roussilhe. Traité de la Dot. nᵒˢ 556, 557, 558, p. 408.

cédé ses droits n'avait ni ne pouvait exiger que du
fonds et qu'on lui en offre, parce que ce n'est pas
pour lui qu'il a acquis, mais pour sa femme. »

Ainsi, quand même le mari aurait acquis les parts
des copropriétaires à un prix exorbitant, quand
même l'opération serait désastreuse pour elle, la
femme n'a aucun moyen de s'y dérober. Roussilhe
insiste sur ce point : « Que doit-on décider, dit-il, si
le mari a acquis les droits au delà de leur valeur ?
Dans un contrat de mariage, on ne limite ni on ne
peut limiter au futur époux le prix pour lequel il
pourra acquérir ces droits ; ainsi, quel que soit le prix
pour lequel il pourra acquérir les droits de ses
beaux-frères ou belles-sœurs, ou autres, il est toujours présumé être resté dans les bornes de son
mandat.... »

Voilà pour l'hypothèse d'un achat fait à l'amiable.
Notre auteur suppose en second lieu le cas d'une acquisition par adjudication, et il formule une seconde fois la même doctrine. Il commence par nous
dire que, si le mari s'est rendu adjudicataire sur licitation d'un héritage dont sa femme lui avait apporté la moitié indivise en dot, celle-ci peut forcer
les héritiers du mari à lui abandonner la totalité de
ce fonds, en leur remboursant la somme qui a été
payée. Puis il ajoute : « La femme ou ses héritiers
ayant le droit de retenir les dites acquisitions, *il faut*

que la loi soit égale ; ainsi les héritiers du mari, en abandonnant le fonds, *peuvent contraindre la femme* ou ses héritiers au remboursement du prix de l'acquisition et des réparations : et cela parce que le mari n'est présumé avoir agi que comme le procureur fondé de la femme. » (1)

Si l'on peut *contraindre* la femme, c'est apparemment parce quelle n'a pas de droit d'option. *Il faut que la loi soit égale* : ne croit-on pas entendre comme l'écho de cette phrase de Tryphoninus : *nec audiri debebit alteruter eam æquitatem recusans ?*

Au témoignage de Roussilhe faut-il ajouter celui de Guy du Rousseaud de Lacombe, qui déclare que « le mari ayant acquis la portion indivise du copropriétaire de la dot, la femme est obligée de prendre cette portion et rembourser ? » (2)

Certes, si les tribunaux et les commentateurs de nos pays de droit écrit s'étaient permis de modifier aussi gravement le système de la loi romaine, nous trouverions dans les traités ou dans les recueils de jurisprudence des traces de cette innovation. Mais, nous constatons au contraire que le droit d'option était formellement dénié à la femme, et que la loi

1. Roussilhe. Traité de la Dot. eodem.
2. Guy du Rousseaud de Lacombe. Recueil de Jurisprud. civile.Vo Dot. page 234 ; dans ce recueil l'auteur s'inspire habituellement de la jurisprudence du Parlement de Bordeaux.

78 fut appliquée jusqu'à la fin de notre ancien droit
sans tempérament. (1)

A un autre point de vue encore, le système romain s'est maintenu dans son entier. Dans les pays
de droit écrit, comme à Rome, la dépossession du
mari ne se produisait qu'à la dissolution du mariage.
C'était seulement au jour de la dissolution du mariage que la propriété des parts acquises par le mari
se fixait sur la tête de la femme. Jusque-là, il restait
maître d'en disposer à son gré.

Cela a été reconnu par un arrêt de la Cour de Grenoble, rendu le 22 juillet 1825. Sous l'empire de l'ancienne jurisprudence, la dame Allier s'était constitué
en dot le tiers d'une maison, sise à Valence, indivise
avec ses deux sœurs. Plus tard, son mari se rendit acquéreur des deux autres tiers, et il les hypothéqua à
ses créanciers. A la mort de Mme Allier, les créanciers
du mari poursuivirent la vente de la maison. Les héritiers de Mme Allier s'y opposaient, invoquant la loi 78,
et offraient de tenir compte du prix payé pour l'acquisition des deux tiers. Mais les créanciers répon-
daient que la loi 78 n'empêchait pas le mari d'aliéner ou d'hypothéquer, tant que durait le mariage,
les parts indivises qu'il avait acquises. Et la Cour
de Grenoble leur donna gain de cause : elle décida

1. Terrat. Thèses, 1872, t. VII.

que les héritiers de la dame Allier ne pouvaient retraire les parts acquises par le mari qu'en supportant les charges créées par lui. (1)

Voyons maintenant comment cette institution
s'est introduite dans les pays coutumiers, comment
elle s'y est développée et améliorée.

Cette expropriation du mari qui faisait revenir
aux mains de la femme les parts de ses copropriétaires, ne pouvait manquer d'être accueillie avec faveur par notre législation coutumière qui cherchait,
par tous les moyens, à assurer la conservation des
biens propres dans les familles. L'immeuble dont
une part indivise appartenait à la femme, était
presque toujours un bien de famille, qu'elle avait recueilli par succession, et qu'elle possédait en commun avec ses frères et sœurs. Permettre au mari
de s'approprier une portion indivise de cet immeuble, c'était abandonner à un étranger une parcelle
d'un bien propre, c'était dénaturer le patrimoine
d'une famille. Un pareil résultat était essentiellement contraire à l'esprit de notre ancien droit français ; et nos vieux jurisconsultes furent tout heureux

1. Dalloz ancien, 1826, 2, 52. — Troplong. Contrat de mariage
t. I, p. 668. — Cependant M. Babinet (Revue de Droit français et
étranger, 1845. tome II, p. 682) et M. Terrat s'accordent à dire
que, dans la jurisprudence du Parlement de Toulouse, le mari ne
pouvait pas disposer de ces parts au préjudice de sa femme. Mais
je n'ai pu trouver aucune preuve à l'appui de cette assertion.

de découvrir dans le droit romain une institution
qui permettait de dépouiller le mari, et de maintenir l'immeuble tout entier dans la famille de la
femme. C'est sans doute à la fin du XVIe siècle, au
moment où le régime de communauté subissait
comme une refonte et recevait sa constitution définitive, que les juristes et les tribunaux du Nord
empruntèrent le principe de la loi 78 aux pays de
droit écrit.

Dès le début, il y eut une différence entre le système coutumier et le système des parlements du
Midi. Nous avons montré qu'aux termes de la loi
78, le mari n'était dépouillé des portions par lui
acquises, qu'au jour de la dissolution du mariage.
Dans le droit coutumier, au contraire, cette dépossession s'opérait au moment de l'acquisition. La
propriété de l'immeuble se fixait immédiatement,
et d'une façon définitive, sur la tête de la femme.
Par suite, les pouvoirs du mari sur ce bien n'al-
laient pas au-delà du droit d'administration que la
coutume lui reconnaissait sur les propres de sa
femme.

Sauf cette modification, due à l'influence des principes du régime de communauté, le système romain
fut adopté sans tempérament. Même en pays coutumier, on ne reconnut pas tout d'abord de droit d'option à la femme. Comme à Rome, comme dans les

pays de droit écrit, l'accroissement de propriété lui
était non pas offert, mais imposé. Il faut arriver
presque jusqu'à la fin de notre ancien droit pour
voir poindre l'idée nouvelle, et encore a-t-elle rencontré jusqu'au bout bien des résistances.

Au xviie siècle et même au commencement du
du xviiie, la doctrine ne permettait certainement
pas à la femme de répudier la propriété acquise par
son mari. Nous avons sur ce point le témoignage
formel de Lebrun qui se demande précisément s'il
ne conviendrait pas d'attribuer à la femme un droit
d'option, et qui répond négativement à cette question. « Si le mari ou la femme a apporté en mariage
une portion indivise dans quelque maison, ou héritage, qui soit licité et évincé par la licitation, il en
a son remploi. Si l'héritage lui demeure entier, il
lui est propre, en payant le mi-denier de la part
des copropriétaires ; *mais la difficulté est, si ce conjoint peut refuser cette part :* ce qui se peut proposer
en deux cas qui semblent différents ; en supposant
dans le premier, que l'ancienne portion de l'héritage
était propre au mari ; et dans le second, qu'elle était
propre à la femme. Il semble que si elle était propre au mari, il y ait moins de difficulté, supposé
principalement qu'il ait provoqué la licitation ; car
il ne l'a fait que pour avoir l'héritage entier : ainsi
quand on l'obligera de le conserver en payant le mi-

denier, il ne pourra pas dire qu'on lui fera faire cette acquisition malgré lui. *Si l'héritage était propre à la femme, quelle raison y a-t-il de l'obliger de conserver les portions acquises par la licitation, peut-être à trop haut prix? Il faut dire nonobstant cela que la femme sera obligée, lors de la dissolution de la communauté, de prendre le total de l'héritage....* Elle possédait une fois une part indivise, susceptible par conséquent de cet *accroissement forcé* qui arrive par l'évènement d'une licitation. » (1)

Nous pourrions invoquer encore l'autorité de Ferrières (2) et celle de l'avocat Cochin (3).

Le Châtelet de Paris admettait encore, au commencement du xviiie siècle, cette solution rigoureuse pour la femme. C'est du moins ce que nous apprend Bourjon (4).

Mais, tout en relatant cette jurisprudence, Bourjon la critique comme trop absolue et s'élève contre le système universellement admis jusqu'alors. Voilà enfin l'idée de l'option qui commence à se faire jour : elle va bientôt triompher.

Permettre au mari d'imposer à sa femme la propriété d'un immeuble, acquis peut-être à des condi-

1. Lebrun, Traité de la communauté, p. 133.
2. Ferrières, sur l'art. 220 de la Coutume de Paris.
3. Cochin. Plaidoyers, t. V, p. 231.
4. Bourjon. Droit commun... t. I. p. 537.

tions fort onéreuses, n'était-ce pas violer cette règle de la coutume qui défendait au mari de compromettre les propres de la femme ? C'est cette considération qui frappe l'esprit de Bourjon ; et il propose
de conserver le principe de l'accroissement posé par
la loi 78, mais d'admettre, en même temps, au
profit de la femme la faculté de renoncer à cet accroissement. Toutefois, il ne demande cette réforme
qu'avec timidité ; le droit d'option ne lui parait
nécessaire que pour la femme qui renonce à la communauté.

« L'immeuble, dit-il, est propre pour le tout à
celui qui avait une portion indivise dans l'héritage ;
c'est accroissement de propriété, sauf la récompense.
Il ne peut se dispenser de payer cette indemnité en
offrant de laisser en communauté les portions ainsi
acquises ; le droit des conjoints doit être fixé et non
incertain, ce qui ne serait pas s'il avait ce droit
d'option : ce qu'on ne doit pas néanmoins admettre
par rapport à la femme renonçante à la communauté lorsqu'elle n'a pas concouru à la licitation ;
autrement il arriverait, contre la disposition de la
coutume, que le fait de son mari aurait donné at-
teinte à ses propres. » (1)

Ainsi, Bourjon n'accorde le droit d'option à la
femme qu'autant qu'elle renonce à la communauté.

1. Bourjon, loc. cit.

Valin est le premier qui l'admette d'une façon
générale. « Le même principe qui défend au mari
de partager seul une succession dévolue à sa femme,
lui refuse pareillement le droit de liciter un bien dans
lequel la femme a une portion indivise. Ce qui s'entend néanmoins, si par l'évènement de la licitation
il abandonne la portion de sa femme. Car si, au
contraire, il se rend adjudicataire des portions des
autres, rien n'empêche que le contrat n'ait son effet,
puisque par là la femme ne peut souffrir aucun
préjudice dans ses propres, et qu'elle peut même y
gagner par la faculté qu'elle a de retenir les portions acquises de ses copropriétaires, en payant la
récompense à la communauté, ou de les laisser en
ce cas pour le compte de la communauté, en con-
servant seulement sa portion personnelle (1). »

Enfin, cette idée nouvelle fut admise par Pothier,
et nous la trouvons énoncée dans son Traité de la
communauté (2). Suivant lui, si la femme approuve
l'acte fait par son mari, cet acte tient lieu du partage auquel elle aurait pu procéder elle-même, et
par conséquent le bien acquis est un propre. Si elle
désapprouve cette acquisition, l'immeuble est un
conquêt de communauté.

Ainsi, à la fin de notre ancien droit, tandis que le

1. Valin. Sur la coutume de la Rochelle. Tome I, p. 493 n° 28.
2. Pothier. Traité de la communauté, n° 151.

principe posé par Tryphoninus subsistait intact dans les provinces du Midi, un système nouveau venait de naître en pays coutumier : système plus large, plus libéral, assurant une protection plus complète aux intérêts de la femme ; le système du droit d'option, que le Code civil allait consacrer dans l'article 1408.

Nous devons ajouter, pour compléter ce tableau de notre ancienne législation, que la coutume de Normandie ne contenait aucune disposition analogue à celle de la loi 78 ou à celle de notre article 1408. Par suite, lorsque le mari se rendait acquéreur d'une portion d'un immeuble qui appartenait par indivis à la femme, il en devenait propriétaire incommutable (1). Aussi les tribunaux ont-ils plusieurs fois décidé, depuis la rédaction du Code civil, que l'article 1408 ne devait pas être appliqué à des époux dont le mariage avait été contracté sous l'empire de la Coutume de Normandie (2).

1. Rodière et Pont. T. I, p. 537. — Dalloz, v° Contrat de mariage, n° 831.
2. Cass. 22 mars 1841. Dall. 1841, 1, 193. — Rouen, 24 février 1842. Sir. 1842, 2, 249,

7

CHAPITRE II

Il est temps d'examiner de plus près le droit d'option que le Code civil accorde à la femme, et de déterminer d'une façon précise sa nature juridique. Est-ce véritablement une faculté de retrait que l'article 1408 organise, et lorsque la femme réunit à la part indivise qu'elle possédait antérieurement les portions acquises par son mari, est-ce bien un retrait qu'elle exerce ?

Il y a, en effet, deux façons de concevoir et d'expliquer le droit d'option de l'article 1408 ; et lorsque nous voulons caractériser cette institution, il nous faut choisir entre deux systèmes bien différents.

Dans un premier système, le droit d'option n'est pas autre chose qu'une faculté de retrait. Lorsque le mari acquiert en son nom personnel l'immeuble dont une part indivise appartenait à sa femme, cette acquisition, aux termes du droit commun, est réputée faite pour le compte de la communauté, et le bien acquis est provisoirement un conquêt. Mais, la femme a le droit de *retraire* cet immeuble, c'est-à-dire qu'elle a le droit de prendre pour elle l'opération faite par son mari et de se substituer à la communauté dans le contrat qu'il a passé avec les copropriétaires. *C'est le système du retrait.*

Dans le second système, le droit d'option accordé à la femme a un tout autre caractère : c'est tout simplement le droit de ratifier ou de ne pas ratifier l'acte d'un gérant d'affaires Lorsque le mari acquiert l'immeuble, même en son nom personnel, il est censé agir au nom et pour le compte de sa femme. Le bien acquis est donc propre, comme si elle avait acheté elle-même les parts de ses copropriétaires ou comme si elle s'était elle-même portée adjudicataire. Mais, comme tout *dominus negotii*, elle peut refuser d'approuver l'acte que le mari a fait en qualité de gérant d'affaires ; et ce refus de ratification fait tomber l'immeuble dans la communauté. Voilà comment on peut analyser *le système de la gestion d'affaires.*

La physionomie de notre institution sera donc toute différente, suivant que nous adopterons l'une ou l'autre de ces deux conceptions. Si nous choisissons le premier système, nous dirons que la femme a la faculté de retirer un immeuble de la masse com-

mune pour se l'approprier ; avec le second, nous
dirons au contraire qu'elle a la faculté de se dépouiller d'un immeuble pour l'abandonner à la masse
commune.

S'il s'agit d'un retrait, l'immeuble est un conquêt
jusqu'au jour de l'exercice du retrait ; s'il s'agit
d'une ratification, c'est un propre jusqu'au jour où
la femme refuse d'approuver l'acte de son mari (1).

S'il s'agit d'un retrait, c'est le mari qui fait l'acquisition en son nom personnel et comme chef de la
communauté. Or comme, au regard des copropriétaires de la femme qui lui cèdent leurs parts, il n'est
qu'un étranger, le contrat qui intervient entre eux et
lui n'est point un partage, mais une vente. Et lorsque
la femme, prenant l'opération pour son compte, se
substitue à son mari, ce contrat conserve néanmoins
son caractère primitif (2). S'il s'agit, au contraire
d'une ratification, s'il s'agit d'une gestion d'affaires,
le mari n'est plus qu'un intermédiaire. A vrai dire,
sa personnalité s'efface et disparaît pour mettre directement en présence la femme et ses copropriétaires.
C'est à la femme elle-même que les copropriétaires
cèdent leurs parts ; par suite, l'acte qui intervient,

1. Remarquons toutefois qu'au point de vue pratique, à raison
de l'effet rétroactif du retrait, la divergence n'est pas aussi profonde qu'on pourrait le croire au premier abord.

2. Telle est du moins l'opinion généralement reçue. C'est celle
que nous comptons soutenir dans notre chapitre VII.

adjudication ou cession amiable, équivaut à un partage et produit les effets juridiques d'un partage (1).

Le système du retrait est généralement admis par
les auteurs (2) et par la jurisprudence (3) ; et c'est
presque toujours sous le nom de *retrait d'indivision*
ou de *retrait de communauté* que l'on désigne notre
institution.

La doctrine opposée a cependant rencontré quelques partisans. M. Troplong l'a défendue dans son
Traité du contrat de mariage : « On suppose, dit-il,
un mandat tacite donné au mari et prouvé d'abord
par le silence de la femme, ensuite par son acquies-
cement... Puisque le mari n'a voulu faire qu'un
partage dans l'intérêt de sa femme, et que ce partage a procuré à la femme la totalité de la chose, il
s'ensuit qu'elle est censée avoir été toujours saisie
de ce tout, au même titre qu'elle était saisie de la
partie (4). »

M. Babinet s'est également rallié à ce système (5) ; ce qui ne l'empêche pas d'employer à

1. Pour connaître les différents intérêts pratiques que peut
encore présenter cette discussion, voir les pages 160, 192.
2. Toullier. t. XII. p. 283. — Rodière et Pont Contrat de mariage, t. I, n° 622: - Aubry et Rau. t. V, p. 315. — Laurent, t.
XXI, n°ˢ 340 et 350. — Colmet de Santerre, t. VI, p. 88.
3. Nancy, 9 juin 1854. Dall. 1855, 2, 251. — Caen, 31 juillet
1858. Sirey. 1859, 2. 97.
4. Troplong, t. I, n° 641.
5. Babinet. Article cité.

maintes reprises le mot de *retrait d'indivision*. Il y a
là une inexactitude de langage fort regrettable, et
qui n'a pas peu contribué à jeter de la confusion et
de l'obscurité sur notre institution. Il importe de
prendre nettement parti entre les deux thèses opposées ; et si l'on adopte l'idée de gestion d'affaires,
si l'on admet que l'immeuble est un propre *pendente
conditione*, il ne doit plus être question de retrait.

La Cour de Grenoble a admis la doctrine de MM.
Troplong et Babinet dans un arrêt du 18 août 1854 :
« Attendu que la première partie de l'article 1408
pose le principe général d'exclusion de conquêt pour
tous les cas, que ce soit l'un ou l'autre des époux, ou
tous les deux ensemble qui aient fait l'acquisition ;
que la seconde partie du même article n'a d'autre
objet que de conférer à la femme, pour le cas où ce
serait elle qui se trouverait propriétaire par indivis,
et que le mari achèterait, l'option de prendre ou de
refuser l'acquisition ; que la propriété n'en repose
pas moins sur sa tête, jusqu'au moment où elle use
de son droit de répudiation... (1). »

Néanmoins, le système de la gestion d'affaires paraissait définitivement abandonné, lorsqu'un arrêt
de la Cour de cassation du 17 février 1886 est venu
le consacrer de nouveau. Il était difficile de le for-

---

1. Dalloz, 1856, 2, 62. — Voir aussi Dalloz, 1871, 2, 153.

muler d'une façon plus nette : « Attendu, dit la Cour, que dans le cas de l'article 1408, c'est-à-dire d'acquisition par le mari de la totalité ou de portion d'un immeuble dont sa femme était propriétaire par indivis, on doit présumer que le mari, agissant dans le but de faire cesser l'indivision, a stipulé dans l'intérêt de la femme en vertu d'un mandat tacite donné par cette dernière, et considérer comme propre de la femme la portion d'immeuble ainsi acquise, s'il n'est pas établi que cette portion d'immeuble ait été abandonnée à la communauté.... (1). »

Cet arrêt a ressuscité notre controverse qui semblait éteinte faute de combattants.

Malgré l'autorité qui s'attache à cette décision récente de la Cour suprême, nous pensons, avec la majorité des auteurs, que le droit d'option conféré à la femme par l'article 1408-2° est une faculté de retrait. Nous pensons que l'immeuble acquis par le mari est provisoirement un conquêt, un bien de communauté, jusqu'au moment où la femme exerce le retrait d'indivision.

Nous pouvons tout d'abord reprocher au système de nos adversaires de mettre la loi en contradiction avec elle-même. C'est une pensée de défiance vis-à-

---

1. Gazette du Palais du 27 mars 1886.

vis du mari qui a guidé le législateur, tout le monde
le reconnaît. Or, la présomption de gestion d'affaires
ne saurait se concilier avec une pareille pensée. Le
législateur présume que le mari a trahi les intérêts
de sa femme ; et cependant il aurait l'air de supposer qu'il n'a pas eu d'autre intention que de les servir ! Pour déjouer un calcul égoïste, la loi feindrait
de croire à une pensée désintéressée ! Il nous répu-
gnerait de prêter aux rédacteurs du Code civil une
conception aussi subtile et aussi incohérente.
N'est-il pas plus naturel de dire : le mari a agi pour
le compte de la communauté ; il a donc fait entrer
l'immeuble dans la masse commune ; mais la femme
a reçu de la loi le droit d'intervenir, de retirer cet
immeuble et de se l'approprier ? Ce système n'est-il
pas plus conforme à la réalité des choses ?

Nous adresserons un autre reproche au système
que nous combattons : il manque de simplicité. On
nous dit qu'il suffit de supposer une gestion d'affaires pour expliquer d'une façon satisfaisante notre
institution. Cela n'est point exact. Il faut supposer
quelque chose de plus, il faut supposer une acquisition faite en qualité de gérant d'affaires, compliquée d'une acquisition personnelle. Car le mari
reste bien personnellement adjudicataire ou acheteur, si la femme refuse sa ratification. Dans la gestion d'affaires proprement dite, la validité de l'acte

juridique ou plutôt son existence même est subordonnée à la ratification du *dominus*. Mais ici le marché que le mari a passé avec les copropriétaires est
ferme et irrévocable, et, quelle que soit la résolution prise par sa femme, il est tenu de l'exécuter.
Nos adversaires sont donc obligés de dédoubler
l'opération et d'y voir deux actes différents : d'a-
bord, une acquisition personnelle pour le mari,
en ce sens que les copropriétaires lui cèdent leurs
parts dans l'immeuble à tout événement et d'une
façon définitive ; en second lieu, une gestion d'affaires, en ce sens que le mari accepte, au nom de sa
femme, cette adjudication ou cette cession amiable
comme tenant lieu du partage. Voilà à quelles compli-
cations on aboutit, si l'on rejette l'idée de retrait !

Mais, nous avons hâte d'arriver à un argument
plus décisif. Le système du retrait doit l'emporter,
suivant nous, parce qu'il est le plus conforme aux
principes fondamentaux du régime de communauté.
Tout immeuble acquis au cours du mariage à titre
onéreux est un conquêt : telle est la règle générale
posée par l'article 1401. Sans doute, l'article 1408
2e §, permet à la femme d'écarter l'application
de cette règle à propos de certains immeubles.
Mais, en interprétant cette disposition exceptionnelle, il faut s'éloigner le moins possible du
droit commun auquel elle déroge. Tant que la fem-

me n'a pas pris parti, tant qu'elle n'a pas usé du droit que la loi lui confère, l'immeuble doit «suivre son cours naturel. » (1) et rester provisoirement dans la masse commune.

En réalité, nos adversaires ne peuvent nous opposer qu'un seul argument. Mais cet argument a une grande valeur. Ils ont pour eux la tradition.

Tous nos anciens auteurs, cela est incontestable, ont admis l'idée de la gestion d'affaires, tous ont enseigné que l'immeuble devenait *ab initio* un propre, comme si la femme avait fait elle-même l'acquisition. Jamais ils n'ont vu une faculté de retrait dans le droit accordé à la femme. Pour Pothier par exemple, le mari, même lorsqu'il agissait en son nom personnel, était réputé faire l'acquisition pour le compte de sa femme, et l'acte fait par lui tenait lieu de partage, à moins qu'elle ne refusât de le ratifier. (2) Il y avait bien dans quelques petites coutumes un *Retrait d'Indivision* qu'on appelait aussi *Retrait de communion* ou *Retrait de frareuseté* ; mais il avait un caractère bien différent et une tout autre portée. Il appartenait à tout copropriétaire ; il lui permettait, lorsqu'un de ses consorts vendait sa part dans le bien indivis à un étranger, d'évincer cet étranger,

---

1. Colmet de Santerre.
2. Pothier. Communauté, n°s 150 et suivants.

et de prendre sa place. (1) Il n'y avait rien de commun entre ce retrait et le droit d'option de la
femme.

Nos adversaires soutiennent que le Code civil n'a
pas pu rompre avec cette tradition, qu'il n'a pas pu
créer de toutes pièces un retrait nouveau. Une pareille innovation, dit-on, serait contraire à l'esprit
de notre droit moderne. Alors que les innombrables retraits, consacrés jadis par les coutumes ou
par la jurisprudence, venaient de sombrer dans
la tourmente révolutionnaire, alors que plusieurs
lois et décrets de la Constituante, de la Législative
et de la Convention les avaient abolis comme incom-
patibles avec les principes nouveaux, peut-on admettre que les rédacteurs du Code aient introduit une
nouvelle espèce de retrait, inconnue de nos anciens
auteurs ?

Cette objection ne manque pas de force, assurément. Nous croyons cependant pouvoir y répondre.
Tout d'abord, l'autorité de la tradition ne nous semble pas avoir, en notre matière, toute la valeur
qu'on lui prête. Il ne faut pas oublier, en effet,
que, presque jusqu'à la fin du XVIIIe siècle, le droit
d'option fut inconnu. Or, tant que la loi 78 fut appliquée sans tempérament, tant que la propriété des

1. Pothier, Traité des Retraits, no 2. — Merlin, vo Retrait,

portions acquises par le mari fut *imposée* à la femme, il ne pouvait pas être question de retrait. On
ne pouvait voir dans l'opération qu'une gestion d'affaires, ou plutôt un mandat tacite, en vertu duquel
le mari était considéré comme le représentant de la
femme. Lorsque Bourjon, Valin et Pothier proposè-
rent de reconnaître à la femme une option, ils ne
poussèrent pas plus loin la hardiesse, ils n'osèrent
pas rompre avec la doctrine universellement reçue
jusqu'alors. Mais, l'introduction de cet élément nouveau devait nécessairement amener une transformation complète de l'institution. Dès l'instant
que l'accroissement de propriété était simplement
offert à la femme, l'idée de mandat tacite ou de
gestion d'affaires devait faire place à l'idée de
retrait.

Cette réforme, les rédacteurs du Code civil l'ont
réalisée. Ont-ils eu pleinement conscience de l'innovation heureuse qu'ils introduisaient dans la législation ? Ont-ils compris qu'ils revêtaient d'une forme
nouvelle l'institution que leur léguait l'ancien droit ?
Nous n'oserions pas l'affirmer. Comme l'a dit un
auteur. « une providence bien nécessaire aux as-
semblées délibérantes a pris soin quelquefois de
faire éclore une loi utile et applicable, au milieu
de la confusion la plus complète et de la variété la
plus inquiétante d'opinions, d'amendements et de

votes (1) ». Cependant, en étudiant attentivement les travaux préparatoires, on s'aperçoit que les rédacteurs du Code, après bien des tergiversations, ont finalement attribué à l'immeuble, *pendente conditione,* le caractère de conquêt. C'était trancher la question par son côté pratique, c'était admettre implicitement le système du retrait.

Et pour qu'on ne puisse pas nous accuser de prêter au législateur une pensée qui n'a pas été la sienne, nous allons résumer fidèlement les différentes transformations que notre article 1408-2ᵉ § a subies. La première rédaction soumise au Conseil d'Etat contenait deux règles différentes. *Première règle:* En général, lorsque le mari se rend, en son nom personnel, acquéreur d'un immeuble dont sa femme possédait une part indivise, l'acquisition est réputée faite par la femme elle-même : l'immeuble est propre, sans option. *Seconde règle :* Dans un cas particulier (qu'il est inutile de préciser ici), cet immeuble est au contraire un conquêt, également sans option.

Dans la seconde rédaction présentée au Conseil d'Etat, la première règle est reproduite telle quelle. La seconde règle est au contraire tempérée par l'admission d'un droit d'option. Dans l'hypothèse par-

1. Babinet. Article cité.

ticulière à laquelle s'applique cette seconde disposition, l'immeuble est un conquêt : mais la femme peut le retirer et en faire un propre.

Enfin, la section de législation du Tribunat intervient et propose une troisième rédaction, qui est devenue le texte définitif de notre article 1408-2°. La première règle disparait. La seconde est généralisée : au lieu de s'appliquer exclusivement à un cas exceptionnel, elle englobe maintenant toutes les hypothèses. L'immeuble est donc toujours un conquêt, sauf le droit pour la femme de le retirer et de se l'approprier (1).

En définitive, les rédacteurs du Code civil ont heureusement modifié l'ancienne institution ; à leur insu peut-être, ils en ont changé le caractère, ils en ont fait un retrait. On pourra dire que le retrait d'indivision est entré dans notre législation d'une façon subreptice et par une porte dérobée. Mais, nous nous garderons bien de nous en plaindre, puisque ce système est en même temps le plus conforme aux principes généraux du régime de communauté, et le plus satisfaisant pour l'esprit.

Nous pouvons maintenant définir d'une façon exacte, au point de vue juridique, le privi-

1. Locré. T. XIII, pages 128, 190, 214, 247, 456. — Fenet, T. XIII, pages 495, 560, 607.

lège conféré à la femme par l'article 1408-2°. C'est
une faculté de retrait, en vertu de laquelle la femme
peut se substituer à la communauté, à la condition
de la rendre indemne, et prendre pour elle l'acquisition faite par son mari.

Pothier nous dit que le retrait, en général, « n'est
autre chose que le droit de prendre le marché d'un
autre, et de se rendre acheteur à sa place. Il ne tend
pas à rescinder et à détruire le contrat, mais à subroger en tous les droits résultant du contrat, la
personne du retrayant à celle de l'acheteur sur qui
le retrait est exercé. » (1) En un mot, c'est le droit
accordé à un tiers de se substituer à l'acquéreur
primitif dans un contrat de vente. Ici l'acquéreur
primitif c'est la communauté : c'est elle, en réalité,
qui a acheté les parts des copropriétaires de la
femme, c'est elle qui est devenue adjudicataire (2)
de l'immeuble, en vertu du principe posé par l'article 1401. Mais il y a un tiers qui a le droit de l'é-
vincer ; il y a un tiers qui n'a pas figuré dans le
marché qu'elle a conclu ou que le mari a conclu
pour elle, et qui a cependant le droit de prendre sa
place dans ce marché : et ce tiers, c'est la femme.

1. Pothier. Traité des Retraits, n° 1.
2. Nous n'entendons pas considérer la communauté comme
une personne morale, mais simplement comme une masse de
biens distincte du patrimoine propre des deux époux.

CHAPITRE III

La femme a le choix entre deux partis : elle peut, à son gré, laisser l'*immeuble* dans la communauté, sauf à réclamer la portion du prix qui doit lui revenir, ou le retirer en remboursant à la communauté le prix d'acquisition. L'*immeuble,* disons-nous. Mais il s'agit de préciser. Est-ce l'immeuble entier qu'elle doit abandonner ou retirer ? Est-ce seulement une fraction de l'immeuble ? Avant que le mari fît l'acquisition, une portion indivise de ce bien appartenait à la femme ; l'autre portion était en dehors de son patrimoine. Son droit est-il le même, a-t-il la même étendue à l'égard de ces deux portions ? En un mot, sur quoi peut-elle exercer le retrait d'indivision ? Sur quoi porte son droit d'option ?

Nous serons naturellement amenés à distinguer deux hypothèses : ou bien le mari a acquis l'immeuble entier, y compris la part indivise de la femme ; ou bien la part de la femme est restée en dehors de l'acquisition faite par le mari.

Mais, dans un cas comme dans l'autre, nous nous

laisserons guider par un même principe, qui se déduit
nécessairement de la nature juridique de notre
droit d'option. La femme, avons-nous dit, a le droit
d'exercer un retrait sur la communauté, c'est-à-dire
qu'elle peut se substituer à la communauté dans le
contrat de vente conclu entre le mari et les copropriétaires. Elle peut donc retraire tout ce qui a fait
l'objet de ce contrat, ni plus ni moins. Son droit
d'option a pour mesure l'étendue de cette acquisition. Il porte sur ce qui est entré dans la communauté.

§ 1. — Le mari a acquis l'immeuble entier, y compris la part indivise de la femme.

La femme et ses copropriétaires, ne pouvant pas
procéder commodément à un partage en nature de
l'immeuble indivis, ont eu recours à une licitation ;
l'immeuble a été vendu aux enchères, et le mari s'est
porté adjudicataire en son nom personnel. Étant
donné le principe que nous venons de dégager, notre problème serait aisément résolu dans cette première hypothèse, si nous n'avions pas à examiner
et à trancher une question préjudicielle fort importante.

Est-il possible, en droit, que l'immeuble tout entier entre dans la communauté? L'acquisition est

valable sans doute, et produit tous ses effets, en tant
qu'elle porte sur les parts des copropriétaires. Mais
la part indivise de la femme peut-elle être valablement acquise par le mari ?

Il semble, au premier abord, que l'article 1595
du Code civil s'y oppose, puisque cet article prohibe
d'une façon générale la vente entre époux. Si l'on
appliquait ce principe dans toute sa rigueur, il
faudrait dire que l'adjudication est nulle, en tant
qu'elle porte sur la part indivise qui appartenait à
la femme, il faudrait dire que cette adjudication ne
fait entrer dans la communauté que les portions indivises des copropriétaires, et que, par suite, le
droit d'option de la femme ne peut s'exercer que sur
ces portions.

Mais, il n'est pas possible d'admettre cette solution, puisque l'article 1408 prévoit en termes exprès
l'hypothèse d'un retrait portant sur la totalité de
l'immeuble. Dès lors, comment cet article peut-il se
concilier avec l'article 1595 ?

M. Colmet de Santerre (1) et M. Laurent (2),
enseignent que l'article 1408 contient une exception
au principe général posé par l'article 1595. Si l'on
appliquait ici les règles du droit commun, disent
ces auteurs, la portion que la femme possédait

---

1. Colmet de Santerre. Tome VI, p. 84.
2. Laurent. Tome XXI, p. 370.

avant la licitation, lui demeurerait propre, comme
si la licitation n'avait pas eu lieu. Mais, par dérogation à ce droit commun, l'article 1408 maintient la
vente pour le tout, même pour la part de la femme,
et accorde à cette dernière un droit d'option qui
porte sur cette part indivise aussi bien que sur les
autres. Toutefois, M. Colmet de Santerre fait intervenir dans une certaine mesure la règle de l'article
1595. Cette règle, d'après lui, reprend son empire
sur tous les points qui n'ont pas été formellement
tranchés par l'article 1408. Il décide notamment
que la femme ne peut pas renoncer à son droit de
retrait avant la dissolution du mariage (1), parce
qu'elle abandonnerait, par cette renonciation, la
portion indivise qu'elle possédait dans l'immeuble,
et que cet abandon produirait un résultat analogue
à celui que l'article 1595 a entendu prohiber (2).

1. Colmet de Santerre. T. VI, p. 86. — Cet auteur admet au
contraire que la femme peut exercer le retrait même avant la
dissolution de la communauté. — Pour la renonciation, dans
son système, il faut attendre non seulement la dissolution de la
communauté, mais encore la dissolution du mariage.

2. Il y a un point sur lequel M. Colmet de Santerre ne s'est
pas expliqué d'une façon catégorique. Il admet (p. 88) que l'immeuble soumis au retrait est un conquêt, *pendente conditione*,
en ce qui concerne les portions indivises qui appartenaient aux
copropriétaires. Mais, la portion qui appartenait à la femme,
reste-t-elle propre *pendente conditione?* Telle est, nous semble-
t-il, la conséquence logique de ce système. Sans cela, pourquoi
interdire à la femme de renoncer au retrait avant la dissolution
du mariage?

Nous ne croyons pas devoir admettre ce système, et nous apercevons un autre moyen de concilier nos deux articles. Suivant nous, l'article 1408 ne déroge pas à l'article 1595 : il règle une situation à laquelle cet article ne s'applique pas. Nous pensons, en effet, que la prohibition de la vente entre époux ne s'étend pas à l'adjudication.

C'est la cession amiable entre époux que la loi a voulu interdire, parce que cette cession amiable pouvait présenter des dangers. Mais il n'y aurait pas une seule bonne raison pour défendre au mari de se porter adjudicataire d'un bien appartenant à sa femme, ou réciproquement. Quels motifs invoque-t-on d'ordinaire pour justifier la règle édictée par l'article 1595 ? On fait remarquer que les époux, sous le couvert d'une vente, pourraient dissimuler une libéralité : libéralité excédant peut-être le disponible ; libéralité en tout cas irrégulière, puisqu'elle serait en fait irrévocable. On ajoute que l'un des conjoints pourrait faire passer tous ses biens sur la tête de l'autre, pour les soustraire frauduleusement aux poursuites de ses créanciers. Mais, pour que de semblables calculs soient à redouter, il faut supposer un marché amiable, une convention secrète, à laquelle les deux époux ont seuls pris part, dont ils ont réglé à leur guise les clauses et les conditions. Lorsqu'il s'agit d'une adjudication.

lorsque la vente, annoncée par des affiches, s'accomplit au grand jour, en présence du public, lorsque toutes les conditions sont réglées par le cahier
des charges, lorsque le prix est fixé par les enchères, il n'y a plus rien à craindre ; il n'y a plus aucun
motif pour appliquer l'article 1595 et pour restrein-
dre la liberté des conventions.

Nous ne pouvons pas invoquer, à l'appui de cette
thèse, l'autorité des commentateurs du Code civil,
car aucun d'eux n'a prévu cette difficulté. En revanche, notre système se trouve consacré dans tous les
traités de procédure civile, à propos de la saisie immobilière. L'art. 711 du Code de procédure énumère
les personnes qui ne peuvent pas enchérir, sous
peine de nullité de l'adjudication ; et, comme il ne
mentionne pas parmi ces incapables le conjoint du
saisi, les auteurs décident unanimement que « rien
ne s'oppose à ce que l'époux non poursuivi se rende
adjudicataire des biens de l'autre époux. » (1) Et en
effet, lorsque l'immeuble de la femme est saisi par
ses créanciers et mis en adjudication, pourquoi interdirait-on au mari de faire monter les enchères,
alors que son intervention ne peut être qu'avantageuse pour la femme et pour les créanciers poursui-

1. Dalloz.Vº Vente publique d'immeubles. nº 1635.--Boitard et
Colmet-Daage, tome II, p. 352. — Favard, T. V, page 68.

vants? Cette doctrine a été admise sans difficulté
par la jurisprudence ; nous pouvons citer notamment un arrêt de la Cour de Besançon du 12 mars
1811 et un arrêt de la Cour d'Aix du 27 avril
1809 (1).

La disposition restrictive de l'article 1595 ne nous
paraît donc pas devoir être étendue à l'adjudication. Par suite, lorsque la femme et ses copropriétaires procèdent à une licitation du bien indivis, le
mari, en se portant adjudicataire, acquiert valablement l'immeuble tout entier, y compris la part indivise qui appartenait à la femme.

Mais, si le mari prétendait se rendre acquéreur de
l'immeuble entier, en achetant à l'amiable et les
parts des copropriétaires et la part de la femme,
notre solution serait toute différente. Il ne s'agit
plus alors d'une adjudication, et l'article 1595 doit
s'appliquer. La cession n'est donc valable que pour
partie : le mari n'acquiert et ne fait entrer dans la
communauté que les portions des copropriétaires (2).

En résumé, voici comment nous répondons à la
question préjudicielle que nous avons soulevée : il
est possible que le mari acquière la part indivise de

1. Dalloz. Loc cit.
2. Par suite, le droit d'option de la femme ne porte que sur ces
portions.

la femme, et par suite, il est possible que l'immeuble
entre tout entier dans la communauté ; mais ce résultat ne peut se produire que dans le cas d'une adjudication.

Et maintenant, quelle est, dans cette hypothèse,
l'étendue du droit d'option qui appartient à la
femme? La solution s'impose d'elle-même. Puisque
le droit d'option porte, d'une façon générale, sur
tout ce qui a été acquis par le mari, c'est l'immeuble
entier que la femme doit retirer ou abandonner à la
communauté.

§ 2. — La part de la femme est restée en dehors de l'acquisition faite par le mari.

S'il fallait en croire Toullier (1), la femme, dans
cette seconde hypothèse, serait complètement privée du droit d'exercer le retrait. Au lendemain de
l'acquisition faite par le mari, dit cet auteur, la situation est bien nette : la part de la femme n'a pas
changé de caractère, elle reste propre ; quant aux
parts des copropriétaires qui viennent d'être achetées de gré à gré, elles forment un conquêt. Et cette
situation ainsi réglée est définitive, car la femme
n'est investie d'un droit de retrait qu'autant que sa
part indivise a été mise en adjudication avec les
autres.

1. Toullier. T. XII, n° 167.

A vrai dire, Toullier n'allègue à l'appui de son
opinion aucun argument sérieux ; et nous ne saurions admettre cette distinction qui restreindrait
d'une façon notable la portée du privilège accordé
à la femme par l'article 1408. S'il a paru bon de la
protéger lorsque le mari se rend adjudicataire de
l'immeuble entier, pourquoi la laisserait-on sans
défense, lorsqu'il se contente d'acheter à l'amiable
quelques portions de cet immeuble ? Un abus de
pouvoir n'est-il pas à craindre dans un cas comme
dans l'autre ? En achetant elle-même à l'amiable les
portions de ses copropriétaires, la femme se serait
procuré un bien propre. Si son mari a abusé de son
influence pour l'empêcher de faire elle-même cette
acquisition, pourquoi ne lui accorderait-on pas la
garantie du retrait d'indivision ? D'ailleurs, le texte
même de l'article 1408-2° est contraire à cette distinction : « Dans le cas où le mari deviendrait acquéreur ou adjudicataire *de portion* ou de la totalité
d'un immeuble appartenant par indivis à la femme... » Que l'acquisition ait porté sur la totalité ou
sur une portion, la règle est la même (1).

La femme a donc entre les mains son droit d'option. Mais, dans quelles limites ce droit d'option
peut-il se mouvoir ? Ici la doctrine se divise.

1. **Marcadé**; Rodière et Pont; Aubry et Rau; Colmet de Santerre·

Pour nous, nous appliquerons purement et simplement le principe que nous avons essayé de mettre
en lumière au début de ce chapitre, et nous dirons :
le droit d'option de la femme ne peut s'exercer que
sur ce qui a fait l'objet du contrat, c'est-à-dire sur
les portions des copropriétaires, qui sont entrées
dans la communauté. Quel que soit le parti qu'elle
prenne, sa part indivise reste en dehors de son option. Elle la conserve, quoi qu'il arrive ; et alors
même qu'elle renoncerait pour le surplus à l'exercice du retrait d'indivision, elle ne pourrait pas
être forcée de l'abandonner à la communauté, et
elle ne pourrait pas non plus contraindre le mari ou
ses héritiers à s'en charger (1).

Cette opinion a été combattue par des auteurs
considérables. Duranton et Troplong ont soutenu
que la femme doit abandonner sa part avec le
reste, si elle ne veut pas exercer le retrait. Leur argumentation est ingénieuse. Le législateur désire,
disent-ils, que l'indivision prenne fin : c'est pour
éviter qu'elle ne se prolonge qu'il a édicté la règle
de l'article 1408. Lorsque la femme a fait son choix
entre les deux partis qui lui sont offerts, il faut
donc que la pleine propriété de l'immeuble se trouve
d'un côté ou de l'autre. Qu'elle prenne tout ou

1. Marcadé. T. V, p. 494. — Rodière et Pont. T. I, p 551. —
Aubry et Rau. T. V, p. 313. — Colmet de Santerre. T. VI, p. 93.

qu'elle abandonne tout, il n'y a pas de moyen
terme. On ajoute que le texte est favorable à cette
interprétation. Il semble dire en effet que, toutes
les fois que la femme abandonnera l'immeuble à la
communauté, elle deviendra créancière d'une portion du prix. Le législateur suppose donc que la
femme est toujours obligée d'abandonner sa part,
même lorsque cette part n'a pas été acquise par le
mari (1).

Cet argument de texte est peu concluant. Les rédacteurs du Code n'ont pas pu insérer dans l'article 1408 un membre de phrase corrélatif à chacune des hypothèses qu'ils ont entendu englober
dans un même texte. Ils se contentent de décider
d'une façon générale que la femme, en abandonnant
l'immeuble à la communauté, deviendra créancière
de la portion du prix qui lui revient. Oui, sans
doute ; à condition qu'une portion du prix lui re-
vienne ! D'ailleurs, s'il faut suivre nos adversaires
sur ce terrain, ce que nous ne faisons qu'à regret,
nous avons le droit de leur dire que, même si nous
admettions leur doctrine, l'article 1408 nous semblerait rédigé d'une façon incorrecte ou incomplète.
Car, si les parts des copropriétaires ont été acquises

1. Duranton. T. XIV, no 206. — Troplong. Contrat de mariage,
T. I, no 685. — Dalloz, vo Contrat de mariage, no 855. — Babjnet.
Dissertation citée.

à l'amiable, ce n'est pas une *portion du prix* qui devrait revenir à la femme en échange de sa part de propriété, mais une valeur proportionnée au prix que le mari a payé pour les autres parts. Ceci nous montre que le législateur ne pouvait pas prévoir et régler d'une façon précise toutes les hypothèses possibles, et qu'on a plus de chances de rencontrer de bons arguments en étudiant l'esprit d'une disposition légale qu'en épiloguant sur son texte.

Quant au désir du législateur de voir cesser l'indivision, nous ne le contestons certes pas. Il serait à souhaiter sans doute qu'une fois l'option faite, toutes les parts de propriété fussent, dans tous les cas, réunies sur une même tête. Mais, nous ne pouvons voir là qu'une considération qui ne saurait prévaloir contre les principes.

Enfin, et ceci nous semble décisif, si l'on adoptait ce système, l'institution protectrice de l'article 1408 se retournerait contre la femme. Sans doute, on lui donne le choix entre deux partis : mais si ces deux partis lui répugnent également? S'il ne lui convient ni d'acquérir les parts de ses copropriétaires, ni de se défaire de la sienne, pourquoi la condamnerait-on à cette alternative? Elle ne demandait qu'à conserver ce qui lui appartenait ; pourquoi sa situation se trouverait-elle modifiée par un contrat ou par une série de contrats auxquels

elle est restée étrangère ? Au nom de quel principe
et dans quel but obligerait-on du même coup la
femme à se dépouiller d'un bien qu'elle aurait dé-
siré garder, et la communauté à acquérir un bien
auquel elle ne tenait pas ? Ce serait, il faut l'a-
vouer, prêter au législateur une singulière exi-
gence.

Nous déciderons donc, dans cette seconde hypothèse, que la femme conserve sa part, qu'elle
exerce ou qu'elle n'exerce pas le retrait ; son droit
d'option ne porte que sur les portions acquises par
la communauté.

CHAPITRE IV

Le législateur a pris soin d'indiquer lui-même,
dans l'article 1408-2°, quelques-unes des conditions
auxquelles il entend subordonner l'exercice du Retrait d'indivision. Si le texte est incomplet, les
idées générales que nous avons exposées au début
de cette étude sur la nature de notre droit d'option,
nous permettent d'en combler les lacunes.

Toutes les conditions expressément ou implicitement exigées par la loi nous paraissent pouvoir
être résumées dans cette formule unique : Pour
que le retrait d'indivision puisse être exercé, il
faut supposer l'acquisition totale ou partielle d'un
immeuble déterminé, dont une portion indivise
faisait antérieurement partie des propres de la femme ; acquisition faite par le mari, en son nom personnel ; acquisition de nature à faire un conquêt.

Parmi ces conditions, il en est trois qui présen-
tent une importance particulière, et sur lesquelles

nous nous proposons d'insister : 1° il faut que l'acquisition porte sur un immeuble déterminé; 2° il faut qu'elle soit faite par le mari, agissant en son nom personnel; 3° il faut qu'elle soit de nature à produire un conquêt.

§ 1. — Un immeuble déterminé.

Nous ne devons pas oublier que le droit d'opérer un retrait, droit singulièrement énergique, en vertu duquel un tiers s'introduit de force dans un contrat, pour écarter l'une des deux parties et prendre sa place, est un privilège exceptionnel dont le législateur, le législateur moderne surtout, se montre peu prodigue. Lorsqu'il croit utile d'accorder cette puissante garantie, il détermine avec soin les conditions nécessaires pour en jouir, et il ne nous est pas permis de franchir les limites qu'il a lui-même posées ; il ne nous est pas permis d'étendre, par analogie, de l'hypothèse prévue par la loi à une hypothèse voisine, une faveur aussi exorbitante.

Ainsi, puisque l'article 1408 ne vise que les *immeubles,* nous ne devrons dans aucun cas, sous aucun régime, admettre le retrait d'indivision à propos d'une acquisition mobilière. A vrai dire, il y a là dans la loi une lacune regrettable. Supposons qu'une femme, mariée sous le régime de la communauté réduite aux acquêts, hérite de la moitié indivise d'un fonds de commerce. Si le mari achète en son nom personnel et fait entrer dans la communauté l'autre moitié, celle du cohéritier, la femme n'a aucun moyen de retirer cette part indivise de la masse commune, pour la réunir à celle qui lui appartient en propre (1). Le législateur aurait pu étendre la disposition de l'article 1408 à tous les propres de la femme, quelle que fût leur nature. Mais, il s'est contenté de suivre la tradition ; et comme la loi 78 n'avait parlé que du fonds dotal, *fundus dotalis*, comme notre ancienne jurisprudence avait suivi les mêmes errements, les rédacteurs du Code civil ne songèrent qu'aux immeubles. D'ailleurs, la fortune mobilière avait trop peu d'impor-

---

1. Si la femme achetait elle-même la moitié indivise de son cohéritier, cette moitié ainsi acquise formerait-elle un propre ou un conquêt? Suivant nous, elle formerait un conquêt. Il n'est pas possible, en effet, d'étendre à cette hypothèse le premier alinéa de l'article 1408, puisque ce premier alinéa, de même que le second, s'applique exclusivement aux immeubles.

A défaut de l'article 1408, pourrait-on invoquer du moins l'article 883 ? Pourrait-on soutenir que le fonds de commerce est propre pour le tout, en vertu de l'effet déclaratif du partage ? Nous ne le croyons pas. Ce serait attribuer à l'article 883 une portée que le législateur n'a pas entendu lui donner. La fiction de l'effet déclaratif ne doit pas intervenir dans les rapports de chacun des copartageants avec ses ayants-cause. (Colmet de de Santerre, t. VI, p. 82.)

tance en 1804, pour qu'on la jugeât digne d'une
semblable protection.

Allons plus loin : puisque notre texte prévoit exclusivement l'acquisition de tout ou partie d'un immeuble *déterminé*, nous devons refuser à la femme le
droit d'exercer le retrait d'indivision, dans le cas où
l'acquisition faite par le mari porte sur une part indivise d'une universalité. Précisons l'hypothèse. La
femme est appelée à une succession qui se compose
uniquement d'immeubles, ou qui comprend à la
fois des meubles et des immeubles. La moitié de
cette succession lui revient. L'autre moitié, celle du
cohéritier, est achetée par le mari pour le compte
de la communauté. La femme a-t-elle le droit de retirer de la masse commune et de s'approprier les
portions d'immeubles qui se sont trouvées com-
prises dans cette acquisition ? Cette question a donné
lieu à une vive controverse. Pour nous, nous ne
croyons pas que la règle exceptionnelle de l'article
1408 puisse être étendue à cette hypothèse (1).

Le législateur n'a pas jugé à propos d'accorder
dans ce cas à la femme le droit d'exercer le retrait.

1. En ce sens : Rodière et Pont. I, n° 625. — Dalloz, v° Contrat
de mariage, n° 837. — Cassation, 25 juillet 1844. Dalloz, 1844, 1,
428. — Riom, 15 novembre 1869. Dalloz, 1869, 2, 231.
    Contrà : Troplong, I, n° 676. — Aubry et Rau, t. V, p. 312. —
Toulouse, 27 janvier 1814. Nimes, 5 avril 1843. Dalloz, v° Contrat
de mariage, n° 838.

Nous ajoutons qu'il a bien fait de ne pas le lui accorder. En effet, lorsqu'on examine attentivement les conséquences pratiques de la doctrine que nous combattons, on s'aperçoit que cette doctrine aboutit à un résultat peu équitable. Elle favorise outre mesure la femme, elle sacrifie au-delà de toute raison les intérêts de la communauté et du mari. Voici comment. Une acquisition de droits successifs est toujours plus ou moins aléatoire. L'acquéreur qui ne connaît pas encore au juste la consistance de la succession, l'importance des charges, accepte un risque, et il fait entrer ce risque en ligne de compte au moment de la fixation du prix. Mais, si l'on reconnaît à la femme le droit d'exercer le retrait à l'occasion d'un contrat de cette nature, elle attendra bien évidemment le résultat de la liquidation pour prendre un parti. Elle ne revendiquera le marché que s'il est, en définitive, avantageux : de telle sorte que permettre à la femme d'exercer le retrait d'indivision, dans cette hypothèse, c'est lui permettre de se substituer à la communauté dans un contrat aléatoire, à un moment où l'*alea* n'existe plus.

Quelques chiffres feront mieux saisir ce qu'il y a de choquant dans ce résultat. Le mari a payé la part du cohéritier 60,000 francs. Si, une fois la liquidation faite et les charges acquittées, cette part ne comprend en fin de compte que 50,000 fr., 25,000

francs d'immeubles et 25,000 francs de meubles, la
femme se gardera bien d'intervenir. Car si elle retirait les immeubles qui valent 25,000 francs, elle
devrait à la communauté une récompense de 30,000
francs. Si au contraire, toutes charges payées, la
part acquise par le mari comprend un actif net de
80,000 francs, 40,000 francs d'immeubles et 40,000
francs de meubles, la femme usera certainement de
son droit de retrait : elle prendra des immeubles
valant 40,000 francs ; elle les paiera à la communauté 30,000 francs. Le mari, il est vrai, ne les a
pas payés davantage. Mais combien les conditions
sont différentes ! Ce qui est pour la femme un contrat commutatif exceptionnellement avantageux, n'é-
tait qu'un contrat aléatoire pour le mari. Il a acheté
à ses risques et périls ; il a accepté les mauvaises
chances comme les bonnes. Et la femme aurait le
droit de réclamer le bénéfice de ce marché, alors
que toutes les mauvaises chances ont disparu ! Elle
aurait le droit de se substituer à la communauté
dans le contrat passé avec son cohéritier, à un moment où ce contrat a changé de nature !

Essayons maintenant de réfuter les arguments de
nos adversaires. Il y en a deux principaux. On nous
dit d'abord qu'il ne faut pas prendre à la lettre les
termes employés par l'article 1408. « Il est évident
que le mot *immeuble* n'a pas été pris, dans l'article

1408, pour désigner un corps certain, mais bien,
par opposition au terme *meuble*, pour indiquer les
objets qui, d'après leur nature, sont exclus de la
communauté légale ; et dès lors le texte de cet article ne s'oppose nullement à ce qu'on en étende la
disposition à l'acquisition de droits successifs im-
mobiliers. » (1) C'est ainsi que MM. Aubry et Rau
formulent l'argument.

Une telle interprétation, il faut l'avouer,
est un peu fantaisiste. Ajoutons qu'elle est
dangereuse et qu'elle peut mener très-loin. Le
mot *immeuble*, dans notre article, est synonyme
de *bien propre*, nous dit-on. Fort bien. Nous accorderons donc à la femme le retrait d'indivision
à l'occasion de tous ses biens propres. Mais l'article
1408 ne s'applique pas seulement à la communauté
légale ; tout le monde est d'accord pour l'étendre à
la communauté réduite aux acquêts. Et comme, dans
ce régime, la femme peut avoir des propres mobiliers, nous devrons lui reconnaître le droit d'exercer
le retrait même sur des meubles. Quelques arrêts
ont paru aller jusque-là. (2) Mais, comme l'a fort bien
dit la Cour de Riom, « une telle conséquence force
trop les termes de la loi pour ne pas en violer
l'esprit. »

1. Aubry et Rau, page 312, note 95.
2. Toulouse. 27 janvier 1814. — Nîmes, 5 avril 1843.

Nos adversaires invoquent un second argument :
ils s'appuient sur les précédents, notamment sur la
jurisprudence de certains parlements du Midi. Il
parait que plusieurs arrêts du parlement de Toulouse avaient reconnu à la femme le droit de se prévaloir de la loi 78 à propos d'une acquisition de
droits successifs faite par son mari (1). Nous récu-
sons l'autorité de cette jurisprudence. Souvenons-
nous en effet que le droit accordé à la femme n'était
pas alors un retrait. Souvenons-nous que, dans la
jurisprudence des parlements du Midi, on ne connaissait même pas le droit d'option et que l'accroissement était imposé à la femme (2). Dès lors, il n'y
avait rien de choquant à admettre cet accroissement à propos d'une acquisition de droits successifs, puisque la femme était obligée de prendre pour
elle le marché aléatoire conclu par son mari, avec
tous ses risques, puisqu'elle n'avait aucun moyen
de s'y dérober.

Nous croyons donc qu'il faut s'en tenir aux termes de l'article 1408 et qu'il ne faut admettre le
retrait d'indivision, qu'autant que l'acquisition faite
par le mari porte sur la totalité ou sur une portion
d'un immeuble déterminé.

1. Toulouse. 27 janvier 1814.
2. Voir notre chapitre I.

§ 2. — Acquisition faite par le mari en son nom personnel.

L'article 1408 exige que le mari ait figuré dans le contrat *seul* et *en son nom personnel*. Il importe de ne pas se méprendre sur le véritable sens de ces expressions. Ce que la loi a entendu exclure, c'est le cas d'une acquisition faite pour le compte de la femme. Ce qu'elle exige, c'est que l'acquisition soit faite par le mari *agissant autrement que pour représenter ou assister sa femme* (1).

Si, en effet, la personne de la femme est au premier plan dans l'opération, si c'est elle qui se porte adjudicataire ou qui achète, soit avec l'assistance de son mari, soit par le ministère de son mari, il n'y a plus de place pour le retrait d'indivision, ce n'est plus le second paragraphe de l'article 1408 qui s'applique ; c'est le premier paragraphe. Lorsque l'un des époux acquiert une portion d'un immeuble dont il était propriétaire par indivis, le bien acquis est propre, *ab initio* et d'une façon irrévocable. Il ne peut donc être question de retrait, qu'autant que la femme n'a pas figuré dans le contrat par lequel ses copropriétaires se sont dépouillés, qu'autant que le mari a agi en son nom personnel et pour le compte de la communauté.

1. Marcadé. T. V, p. 491.

Point de retrait, par conséquent, lorsque la femme a concouru à l'acte d'acquisition. L'immeuble est propre, aux termes du premier alinéa de l'article 1408. Et pour cela il n'est pas nécessaire, quoi qu'en dise Toullier (1), qu'elle ait manifesté d'une façon expresse l'intention d'acquérir pour elle-même. Son intervention dans le contrat fait présumer cette volonté (2).

Mais si, en achetant conjointement avec son mari, elle déclare formellement qu'elle entend que l'opération soit faite pour le compte de la communauté, la situation est toute différente. L'immeuble est alors un conquêt; et nous ne reconnaissons même pas à la femme le droit de le retirer de la masse commune. (3) Car nous ne pouvons voir dans son intervention qu'une renonciation immédiate au bénéfice du retrait, par laquelle elle consolide et rend définitive l'acquisition faite au profit de la communauté. Et nous verrons plus loin qu'elle n'a pas besoin d'attendre la dissolution de la communauté pour faire une renonciation valable.

Mais, en dehors de cette hypothèse exceptionnelle,

1. Toullier. T, XII, n° 164.
2. Rodière et Pont, T. I, p. 543.
3. Toullier. T. XII, n° 164.— Laurent, T. XXI. p. 376. — Bruxelles, 31 décembre 1847. Pasicrisie, 1849, 2, 315. —
Contrà : Duranton. T. XIV, n° 205. — Rodière et Pont, T. I, p. 542. — Marcadé. T. V, p. 491.

toutes les fois que la femme prend part au contrat,
elle fait immédiatement entrer l'immeuble dans son
patrimoine propre.

Point de retrait non plus, lorsque le mari a agi
seul, mais en vertu d'une procuration de la femme,
et comme son mandataire. C'est comme si elle avait
fait elle-même l'acquisition.

Mais, voici une hypothèse plus délicate : le mari a
figuré seul au contrat, et il a déclaré agir pour le
compte de sa femme, bien qu'il n'eût reçu d'elle aucun mandat. Dirons-nous, avec M. Troplong (1), que
cette déclaration suffit pour lier la femme, et que l'accroissement de propriété s'opère à son profit, aux
termes de l'article 1408 — 1er alinéa, sans qu'elle
puisse s'y dérober ? Non, évidemment. Comme le
remarquent MM. Aubry et Rau, « il ne saurait dé-
pendre du mari, en déclarant qu'il acquiert pour le
compte de la femme, de priver celle-ci de son droit
d'option, et de lui imposer une acquisition qu'elle
ne jugerait pas convenable d'accepter. » (2) Ce *mandat tacite* d'augmenter le patrimoine propre de sa
femme, où le puiserait-il ? Aucun article du Code
ne le lui confère, sous aucun régime matrimonial.

Mais alors dirons-nous, avec presque tous les auteurs, que la femme, dans notre hypothèse, jouit de

1. Troplong, op. cit., nos 670, 671.
2. Aubry et Rau, op. cit., page 313, note 97.

son droit de retrait, comme si le mari avait déclaré agir pour le compte de la communauté ? Pas davantage. Oh! sans doute, nous lui reconnaissons un droit d'option. Mais le droit d'option que nous lui attribuons ici, ce n'est pas une faculté de retrait : c'est tout simplement le droit qui appartient à tout *dominus negotii* de ratifier ou de ne pas ratifier l'acte d'un gérant d'affaires (1). Et nous avons suffisamment montré, dans un chapitre précédent (2) en quoi diffèrent ces deux espèces de droit d'option.

Mais hâtons-nous de faire une réserve importante. Nous n'appliquons cette doctrine que s'il s'agit d'une gestion d'affaires proprement dite, d'une *gestion d'affaires simple*. Et l'opération a le caractère d'une gestion d'affaires simple, lorsque le mari se présente avec la seule qualité de gérant d'affaires ; lorsqu'il tient aux copropriétaires de la femme le langage suivant : *Je vous achète votre part indivise pour le compte de ma femme ; si elle refuse sa ratification, il n'y aura rien de fait, ce marché sera réputé non avenu.*

Mais, il est possible qu'il leur tienne un langage tout différent ; il est possible qu'il se présente avec un double caractère et qu'il leur dise : *Je vous achète votre part indivise. J'entends que cette acquisition pro-*

---

1. Laurent. T. XXI, p. 378.
2. Chapitre II.

*fite à ma femme, votre copropriétaire, si elle y consent ;
mais, quand même elle refuserait de la ratifier, le
marché tiendra entre vous et moi.* Nous nous trouvons
alors en présence d'une *gestion d'affaires compliquée.*
Ou plutôt la gestion d'affaires n'est plus ici que l'accessoire : l'acte principal, dominant, c'est l'acquisition faite par le mari en son nom personnel et pour
le compte de la communauté. Nous sommes donc dans
les conditions exigées par l'article 1408 — 2ᵉ alinéa, et, dans ce cas, c'est bien le retrait d'indivision
que nous accorderons à la femme. Car on doit supposer que c'est cette faculté de retrait que le mari
a entendu lui réserver dans le contrat d'acquisition.

On peut se demander s'il ne conviendrait pas
d'appliquer à cette hypothèse les règles de la *déclaration de command,* de préférence à celle du retrait.

Les deux situations se ressemblent en effet beaucoup. L'adjudicataire qui se réserve la faculté de
déclarer command, acquiert, lui aussi, l'immeuble
pour le compte d'un tiers, en qualité de gérant d'affaires, sauf à prendre pour lui-même l'opération, si
ce tiers refuse d'en profiter (1). Et le mari aurait intérêt à écarter le système du retrait pour se prévaloir des règles de la déclaration de command, car il

1. Dalloz, vᵒ Vente publique d'immeubles, nᵒˢ 1706, 1716, 1719.

aurait alors le droit de mettre immédiatement sa
femme en demeure de prendre un parti, sans être
obligé d'attendre la dissolution de la communauté.
Si l'on adoptait cette manière de voir, le retrait
d'indivision proprement dit ne trouverait son application que dans le cas où le mari a fait l'acquisition
exclusivement en son nom personnel.

Mais, malgré l'analogie des deux situations, nous
ne croyons pas devoir faire intervenir ici la théorie
de la déclaration de command. On a souvent abusé
de cette théorie, notamment à propos du remploi (1).
Lorsqu'on lui donne une pareille extension, on ou-
blie qu'elle est faite, en réalité, pour régir une hypothèse toute particulière, celle où le gérant d'affaires, pour un motif quelconque, ne veut pas faire
connaître le nom du tiers pour lequel il agit. Le se-
cret gardé au moment de l'adjudication sur le nom
du véritable intéressé, telle est l'unique raison d'être,
tel est le trait essentiel de cette institution. Or cet
élément fait complètement défaut dans notre espèce.

D'ailleurs, lorsqu'on va au fond des choses, on
s'aperçoit que l'hypothèse d'une adjudication avec
réserve de la faculté de déclarer command n'est pas,
de tous points, semblable à l'hypothèse dont nous
nous occupons en ce moment. Dans le premier cas,

1. Mourlon. Traité de la transcription. T. I, p. 150.

l'acquéreur se réserve à lui-même une certaine faculté, un certain droit d'option. Dans le second cas, l'acquéreur, le mari, réserve bien dans le contrat une faculté, un droit d'option, mais c'est au profit d'un tiers, c'est au profit de la femme. « Le mari n'a aucune déclaration à faire : il n'a aucun moyen de changer les effets du contrat qu'il a formé. La femme seule a un choix à émettre, une volonté à exprimer (1). »

Enfin, il serait dangereux d'appliquer les règles de la déclaration de command à l'hypothèse d'une gestion d'affaires compliquée. Car ces règles étant, ainsi que nous l'avons dit, plus favorables au mari que celles du retrait, il ne manquerait pas de faire l'acquisition sous cette forme, au lieu d'agir purement et simplement en son nom personnel. Ce serait lui offrir un moyen de diminuer les garanties que le législateur accorde à la femme, et d'éluder, au moins pour partie, la disposition protectrice de l'article 1408.

On ne peut donc concevoir, suivant nous, que trois situations différentes. Lorsque l'acquisition a été faite par la femme elle-même ou par le mari mandataire de la femme, c'est le premier alinéa de

1. Labbé. Revue pratique. T. IV, p. 51. — C'est à propos du remploi que M. Labbé s'exprime en ces termes. Mais ces paroles s'appliquent tout aussi exactement à notre hypothèse.

l'article 1408 qui s'applique. Lorsque le mari a fait l'acquisition en qualité de gérant d'affaires de sa femme, et en cette seule qualité, c'est encore la première disposition de l'article 1408 qui trouve son application ; mais il faut la combiner avec les principes de la gestion d'affaires. Enfin, toutes les fois que le mari a, d'une façon principale ou subsidiaire, acquis l'immeuble pour son compte personnel, la femme doit jouir du retrait d'indivision, aux termes du deuxième alinéa de notre article.

§ 3. Acquisition de nature à faire un conquêt.

Il ne suffit pas que le mari acquière tout ou partie d'un immeuble déterminé; il ne suffit pas qu'il agisse en son nom personnel; il faut quelque chose de plus : il faut que l'acquisition imprime à l'immeuble le caractère de conquêt. Ce n'est en effet que sur les biens de la communauté, ce n'est que sur les conquêts, que la femme peut exercer le retrait d'indivision.

Il est, par suite, essentiel que l'acquisition soit faite à titre onéreux, car si le copropriétaire de la femme donne ou lègue sa part au mari, cette part indivise devient un propre du mari, aux termes de l'article 1405; et la femme ne peut pas l'en dépouiller. Il n'y avait pas de motif pour étendre l'article

1408-2° aux dons et aux legs : le calcul que cet article a voulu déjouer, l'abus de pouvoir qu'il entend
prévenir, ne sont pas à redouter dans une acquisition de cette nature. D'ailleurs, il n'y a jamais de
retrait à propos d'une acquisition à titre gratuit.
C'est une règle générale, absolue, que nous avons
empruntée à l'ancien droit. Le remboursement du
prix est la condition essentielle de tout retrait ; et
comment le retrayant pourrait-il rembourser un
prix, s'il retirait un bien donné ou un bien légué ? (1).

Ce sont donc les acquisitions à titre onéreux qui
donnent ouverture au retrait d'indivision. Tantôt
c'est un échange contre un bien de la communauté;
tantôt c'est une vente amiable ; tantôt, une adjudication sur licitation.

Un arrêt de la Cour de Bordeaux a refusé d'admettre le retrait d'indivision à propos d'une adjudication sur saisie immobilière. Nous approuvons
cette solution, mais nous n'adoptons pas les motifs
donnés par cet arrêt (2).

Voici quel était le raisonnement de la Cour de
Bordeaux. L'article 711 du Code de procédure inter-
dit au saisi de se porter adjudicataire. La femme,
étant une des parties saisies, ne peut donc se por-

1. Duranton. T. XIV, n° 202. — Rodière et Pont. op. cit. n° 626.
— Dalloz, v° Contrat de mariage, n° 840.
2. Bordeaux, 10 août 1870. Dall. 1871, 2, 153.

ter adjudicataire, ni personnellement, ni par le ministère d'un tiers. Or, le droit d'option de l'article
1408 reposant, suivant cet arrêt, sur cette idée que
le mari a agi dans l'intérêt de sa femme, et pour le
compte de sa femme, si l'on admettait ce droit
d'option dans notre hypothèse, il faudrait dire que
le mari, en se portant adjudicataire, n'était que le
prête-nom de l'une des parties saisies, et l'adjudication serait nulle aux termes de l'article 711.

Il est facile d'apercevoir le vice de cette argumentation. La Cour de Bordeaux rattache sa solution à un système erroné, que nous avons repoussé
dans un de nos chapitres précédents, elle explique
le droit d'option de l'article 1408 par l'idée d'une
gestion d'affaires ou d'un mandat tacite, tandis
que nous voyons dans ce droit une faculté de retrait.

Mais l'article 711 du Code de procédure nous
fournit un argument tout différent. Puisque la
femme, étant incapable de se porter adjudicataire,
ne peut pas acquérir directement l'immeuble saisi,
pourquoi lui permettrait-on de l'acquérir indirectement en exerçant le retrait? Ainsi que nous l'avons
dit au début de cette étude, si le législateur a octroyé à la femme une faculté de retrait, s'il lui a
permis de prendre pour elle l'acquisition faite par
le mari, c'est parce qu'il a pensé que ce dernier avait

pu l'empêcher de faire elle-même cette acquisition.
Mais, dans le cas d'une adjudication sur saisie, un
pareil abus de pouvoir n'est pas à redouter. Il n'y a
donc aucune raison pour accorder à la femme la garantie du retrait d'indivision (1).

Cette hypothèse particulière mise à part, peut-on
dire que toute acquisition à titre onéreux, sans exception, donne ouverture au retrait d'indivision ?
Cela serait vrai, sans doute, si toute acquisition à
titre onéreux, sans exception, produisait un conquêt. Mais, dans certains cas, en vertu des principes
du régime de communauté, l'immeuble acquis par
le mari à titre onéreux, au lieu de tomber dans
la masse commune, devient un propre du mari.
Dans ces hypothèses exceptionnelles, nous ne per-
mettrons pas à la femme de retirer l'immeuble, car
ce n'est pas sur les propres du mari, c'est seulement sur les immeubles de la communauté qu'elle
peut exercer le retrait d'indivision.

A quelles hypothèses faisons-nous allusion ? Nous
pouvons d'abord supposer que le mari, la femme
et un étranger se trouvent copropriétaires du même
immeuble. Si le mari achète la part du copropri-
taire étranger, ou se porte adjudicataire de l'immeuble entier, c'est le premier alinéa de l'article
1408 qui s'applique : les portions acquises par le

1. Laurent, t. XXI, p. 381.

mari doivent s'adjoindre à la portion qu'il possède
en propre, et la femme ne peut pas les lui enlever.
Puisque les deux époux ont un intérêt égal et de
même nature, et que le mari a fait l'acquisition, il
n'y a pas de motif pour faire prévaloir l'intérêt de
la femme (1).

On peut supposer encore que le mari a échangé
un de ses immeubles propres contre la part indivise du copropriétaire de sa femme ; ou bien, qu'a-
près avoir aliéné un de ses propres, et avec les deniers provenant de cette aliénation, il a acheté la
part indivise du copropriétaire de sa femme, en ac-
compagnant cette acquisition d'une déclaration de
remploi. L'article 1407, l'article 1434 nous disent
que le bien acquis dans ces conditions est propre au
mari. Dès lors, la femme sera privée de son droit de
retrait (2). Et cette solution n'est pas seulement
conforme à la rigueur des principes, elle nous
semble encore fort équitable. Car, dans ces deux
hypothèses, en dehors de tout calcul égoïste ou frauduleux, le mari a un intérêt sérieux à ce que la
femme ne retire pas l'immeuble, puisque cet immeuble remplace dans son patrimoine propre le
bien dont il s'est dépouillé.

1. Duranton, t. XIV, n°202. — Rodière et Pont, op. cit. n° 626.
2. Marcadé, op. cit., page 491. — En sens opposé : Dictionnaire
des Droits d'Enregistrement. V° Communauté, n° 319.

CHAPITRE V

Le droit d'option de l'article 1408, le droit de retirer l'immeuble acquis par le mari, ou de le laisser dans la masse commune, appartient en principe à la femme (1).

Mais, si elle meurt sans avoir pris parti, ce droit passe à ses héritiers. Tous les auteurs sont d'accord sur ce point (2). Héritiers légitimes, successeurs irréguliers, légataires universels, peu importe. Il y aurait toutefois une exception à cette règle, d'après

1. Si, renversant l'hypothèse, nous supposons que la femme a acquis en son nom personnel tout ou partie d'un immeuble dont le mari possédait une part indivise, il est évident que le mari ne jouit pas du droit d'option de l'article 1408. Dès lors les portions acquises par la femme tombent dans la communauté ; et si elle s'est portée adjudicataire sur licitation de l'immeuble entier, y compris la part indivise du mari, l'immeuble entier devient un conquêt. M. Colmet de Santerre et M. Laurent estiment au contraire que l'adjudication est nulle, en ce qui concerne la part du mari. Suivant eux, en effet, l'article 1595, qui n'est pas écarté par une disposition spéciale, doit recevoir ici son application. Voir Laurent, t. XXI, p. 374.

2. Rodière et Pont, op. cit, n° 632. — Aubry et Rau, t. V, p. 313, note 98. — Colmet de Santerre, t. VI, p. 95.

MM. Rodière et Pont : le mari succédant à sa femme, soit aux termes de l'article 767, soit en qualité de légataire universel, ne jouirait pas de la faculté de retrait. A vrai dire, nous ne voyons rien qui justifie cette exception (1). Pourquoi lui interdirait-on d'exercer le retrait d'indivision, s'il avait intérêt à le faire ? Mais cet intérêt, hâtons-nous de le dire, nous avouons ne pas l'apercevoir. Le mari aura beau retirer l'immeuble de la communauté et en faire un propre de sa femme, il n'en sera pas moins obligé de respecter les droits qu'il a consentis sur cet immeuble au cours du mariage, puisqu'il est tenu de garantir les tiers qui ont contracté avec lui. Quant aux droits de succession, s'il laisse le bien dans la masse commune, il les paiera sur la moitié seulement de ce bien ; tandis qu'il devrait les payer sur la totalité, si c'était un propre de la femme.

Nous pensons aussi, bien que ce soit vivement contesté, que les créanciers de la femme doivent être admis à exercer le droit d'option de l'article 1408, si leur débitrice néglige de l'exercer elle-même.

---

1. La plupart des auteurs refusent, il est vrai, au mari, héritier ou légataire de sa femme, le droit de renoncer du chef de celle-ci à la communauté. On ne peut pas admettre, disent-ils, que le mari use d'un droit qui a été établi contre lui. Cet argument ne nous parait pas concluant, et nous inclinons à penser que l'on devrait lui permettre de renoncer à la communauté du chef de sa femme. Cette dernière solution est admise par MM. Championnière et Rigaud (Le Contrôleur, art. 6231).

Cette doctrine est celle de la plupart des auteurs (1).
Mais elle a été combattue par MM. Troplong (2) et
Larombière (3), et la jurisprudence l'a plusieurs
fois repoussée (4).

Aux termes de l'art. 1166 du Code civil, « les
créanciers peuvent exercer tous les droits et actions
de leur débiteur, à l'exception de ceux qui sont exclusivement attachés à la personne. » Comment
faut-il interpréter cet article 1166 ? Le droit d'option de l'article 1408 est-il un de ces droits exclusivement attachés à la personne, dont l'exercice est
refusé aux créanciers ? Est-il compris dans la règle,
ou dans l'exception ? Toute la question est là.

C'est un droit essentiellement personnel, nous
dit-on. Car c'est un privilège, c'est une faveur exorbitante destinée à garantir la femme contre un abus
de pouvoir du mari. Bien plus, ce privilège est une
faculté de retrait. Or, toute faculté de retrait était
considérée, dans l'ancien droit, comme une préro-
gative attachée à la personne. Nos vieux auteurs

1. Duranton, t. XIV, n° 203. — Rodière et Pont, t. I, n° 633. —
Babinet. Dissertat. citée. — Marcadé, t. V, p. 495. — Demolombe,
t. XXV, n°⁸ 90 et 91. — Aubry et Rau, t IV, page 129, note 49. —
Colmet de Santerre, t. VI, p. 95.

2. Troplong. Contrat de mariage, t. I, n° 677.

3. Larombière. Obligations, t. I, art. 1166, n° 14.

4. Cassation (Ch. civ.), 14 juillet 1834, Sir. 34, 1, 533. — Riom,
10 février 1836, Sir. 36, 2, 186. — Cassation (Ch. req.) 8 mars
1837. Sir. 37, 1, 331.

ne permettaient pas aux créanciers d'exercer le retrait lignager, aux lieu et place de leur débiteur. Et
aujourd'hui nous n'accordons pas davantage aux
créanciers du cohéritier l'exercice du retrait successoral. Pourquoi appliquerait-on une règle différente
au retrait d'indivision ? Tels sont les arguments que
nous trouvons développés dans les arrêts de la Cour
de cassation de 1834 et 1837, et dans l'arrêt de la
Cour de Riom de 1836.

Pour nous, nous n'hésitons pas à dire que le
droit d'option de l'article 1408 est compris dans la
règle générale posée par l'art. 1166.

On prétend assimiler notre retrait d'indivision au
retrait lignager, au retrait successoral. Mais cette
assimilation n'est pas légitime. Si les facultés de
retrait auxquelles on fait allusion, ont dû être con-
sidérées comme exclusivement attachées à la personne, c'est à cause de leur destination spéciale.
Le retrait lignager était destiné à sauvegarder un
intérêt d'ordre moral : « il avait pour but la conservation des biens dans les familles, et ce but évidemment ne pouvait être atteint qu'autant que le
retrait était exercé par celui, et au profit de celui
auquel il était accordé. » (1) Il est certain que, si
les créanciers du lignager avaient été autorisés à

1. Demolombe.

retraire l'immeuble vendu à un étranger, afin de
pouvoir le saisir et le mettre en adjudication, le retrait lignager aurait manqué son but. Nous pourrions en dire autant du retrait successoral, qui a
pour objet d'écarter les étrangers du partage.

Mais, en accordant à la femme le retrait d'indivision, le législateur s'est inspiré de considérations toutes différentes. Ce n'est pas la personne de
la femme qu'il a voulu protéger, c'est son patrimoine, c'est à ses intérêts pécuniaires qu'il a entendu donner une garantie. Or, des intérêts de cette
nature peuvent être utilement défendus par les
créanciers. Le droit d'option n'a pas besoin d'être
exercé par la femme elle-même, pour produire tout
l'effet que le législateur en attend.

Mais, du moins, nous dit-on, c'est un privilège, et
les privilèges sont personnels. Cet argument ne nous
convainc pas davantage. Car nous pourrions citer
bien des privilèges dont l'exercice est accordé aux
créanciers. Et, sans chercher nos exemples en dehors du régime de communauté, est-ce que le droit
de renoncer à la communauté, est-ce que l'hypothèque légale de la femme ne sont pas des privilèges? Et pourtant on permet aux créanciers d'exercer ces différents droits, aux lieu et place de leur
débitrice.

Le droit d'option de l'article 1408 n'est donc pas

exclusivement attaché à la personne de la femme. C'est un droit pécuniaire ; il fait partie du patrimoine ; il a été organisé dans l'intérêt du patrimoine. Il peut donc être exercé par les créanciers. Si la femme n'use pas de son droit d'option, ses créanciers, après l'avoir mise en demeure (1) de prendre un parti, peuvent opter à sa place ; et, suivant leur intérêt, ils retireront l'immeuble ou l'abandonneront, au contraire, à la communauté.

Le plus souvent, ils auront intérêt à ce que leur débitrice exerce le retrait d'indivision. Il suffit, pour cela, de supposer que l'immeuble qui appartenait par indivis à la femme et dont le mari s'est rendu acquéreur, a augmenté de valeur depuis cette acquisition. Les créanciers mettront donc la femme en demeure de se prononcer. Si elle opte pour le retrait d'indivision, ils n'auront qu'à saisir l'immeuble avec ses autres biens. Si elle renonce, au contraire, à son droit de retrait, ils pourront faire révoquer cette renonciation, aux termes de l'article 1167, à la condition d'établir qu'elle a été faite en fraude de leurs droits. Enfin, si la femme, restant sourde à leur sommation, néglige de prendre parti, ils exerceront le retrait à sa place, en vertu de l'article 1166.

Mais, il est possible qu'une renonciation soit plus

1. Demolombe, t. XXV, p. 104. — Colmet de Santerre, t. V, p. 116.

avantageuse aux créanciers. Le mari, par exemple,
s'est rendu adjudicataire d'un immeuble dont la
moitié indivise appartenait à sa femme ; il l'a acquis au prix de 100.000 francs ; et depuis l'adjudication, la valeur de cet immeuble a diminué. Si la
femme, lors de la dissolution de la communauté,
laissait ce bien dans la masse commune, elle aurait
droit à une récompense de 50.000 francs, et ses
créanciers pourraient opérer une saisie-arrêt entre
les mains du mari pour le montant de cette somme ;
tandis qu'en exerçant le retrait, elle ferait une
opération désavantageuse. Ses créanciers ont donc intérêt à ce qu'elle abandonne l'immeuble à la communauté, si toutefois le mari est solvable. Ils vont la
mettre en demeure d'user de son droit d'option. Si,
contrairement à leurs désirs, elle se décide à retirer
l'immeuble, ils pourront attaquer ce retrait comme
frauduleux. Si elle ne prend aucun parti, ils renon-
ceront en son nom au droit de retrait, afin de pouvoir saisir-arrêter entre les mains du mari la récompense qu'il devra lui payer.

Enfin, si la femme peut exercer son droit d'option même avant la dissolution de la communauté,
comme nous essaierons de le démontrer dans le
chapitre suivant, il faut reconnaître le même droit
aux créanciers, pourvu qu'ils justifient d'un intérêt
sérieux.

CHAPITRE VI.

Le législateur suppose, dans l'article 1408, que le droit d'option est exercé *lors de la dissolution de la communauté.* C'est, en effet, ce qui arrive le plus souvent. C'est d'ordinaire au moment de la liquidation, au moment où chacun des deux époux exerce ses reprises et prend sa part de la masse commune, que la femme se décide à retirer l'immeuble ou à le laisser dans la communauté.

Qu'elle use du retrait d'indivision ou qu'elle y renonce, l'exercice de son droit d'option n'est soumis à aucune forme sacramentelle. Une déclaration expresse n'est pas nécessaire. L'acte de partage, par la façon même dont il règle le sort de l'immeuble sujet au retrait, contient presque toujours une option implicite, qui est parfaitement suffisante (1). La femme prend parti, en réalité, en donnant son adhésion à la liquidation. Même avant le partage, elle peut accomplir certains actes qui constituent une

---

1 Rodière et Pont, op. cit., n° 639. — Colmet de Santerre, op cit., page 87.

option tacite. Ainsi, lorsqu'après le décès de son
mari, elle ratifie la vente qu'il a consentie de l'immeuble, cette ratification équivaut à une renonciation au retrait. Un arrêt de la Cour de cassation du
1er mai 1860 a consacré cette solution (1).

En principe, c'est donc à la dissolution de la communauté que la condition de l'immeuble est définitivement réglée.

Mais, la femme peut-elle exercer son droit d'option
avant la dissolution de la communauté ? Une fois la
communauté dissoute, dans quel délai doit-elle
prendre parti ? La loi a omis de trancher ces deux
questions fort importantes.

Peut-elle exercer son droit d'option avant la dissolution de la communauté ?

La négative compte un certain nombre de partisans, notamment MM. Rodière et Pont (2), et Marcadé (3); et elle semble prévaloir dans la jurisprudence (4).

On se fonde d'abord, dans cette doctrine, sur le
texte de l'article 1408. Cet article, dit-on, indique
d'une façon précise l'époque à partir de laquelle la
femme peut user de son droit. Elle a le choix *lors*

1. Dalloz, 1860, 1, 511.
2. Rodière et Pont, op. cit. no 634.
3. Marcadé, t. V, page 492.
4. Cassation. 25 juillet 1844, Sir. 44: 1.614. —Nancy, 9 juin 1854.
Dall. 55, 2, 291 — Bordeaux, 15 mai 1871. Dall. 71, 2, 237.

de la dissolution de la communauté : cela veut dire que, jusqu'à la dissolution de la communauté, tout doit rester en suspens, et que la femme ne serait pas liée par une option prématurée.

On ajoute que, sans cette précaution, la garantie accordée à la femme serait le plus souvent illusoire. Si l'on admet qu'elle peut opter à un moment où elle se trouve encore dans la dépendance, sous la main du mari, c'est le mari qui dictera son choix. S'il se repent de s'être porté adjudicataire, il la déterminera à exercer le retrait. Il la poussera, au contraire, à renoncer, s'il est satisfait de son acquisition. On donne libre carrière à ses calculs égoïstes, et l'article 1408 manque son but !

Enfin, disent les partisans de la négative, on ne lèse en aucune manière les intérêts de la femme, en retardant l'époque de l'option, puisque la décision qu'elle prendra aura un effet rétroactif, puisqu'en exerçant le retrait, elle fera tomber tous les droits consentis sur l'immeuble par son mari.

Nous reconnaissons toute la force de cette argumentation ; pourtant, elle ne nous semble pas décisive, et nous pensons que la femme peut valablement prendre parti et se lier par son option, avant la dissolution de la communauté (1).

1, En ce sens : Troplong, t. 1, n° 679. — Babinet. Dissertation citée. — Aubry et Rau, op. cit. page 314, note 101. — Cour de Lyon, 20 juillet 1843, Sir. 44, 2. 319.

Et d'abord, elle aura souvent un grand intérêt, quoi qu'on en dise, à se décider le plus tôt possible. La rétroactivité attachée à son option ne la protège pas contre les détériorations matérielles que peut subir l'immeuble. Par suite, si le mari l'a vendu à un tiers entre les mains duquel il est exposé à se déprécier, elle a intérêt à le revendiquer sans plus attendre. Mais ne peut-on pas supposer encore qu'elle est dans le commerce, qu'elle a besoin de crédit, et qu'elle veut retirer immédiatement l'immeuble, afin de l'hypothéquer à ses créanciers personnels?

Et de même pour la renonciation. Une renonciation anticipée sera souvent nécessaire, pour que le mari puisse vendre ou hypothéquer l'immeuble; et s'il n'a pas d'autre moyen de se procurer les fonds dont il a besoin pour le succès d'une entreprise, pour l'établissement des enfants communs, est-ce que l'intérêt de la femme, son intérêt bien entendu ne lui commande pas de sacrifier son droit de retrait?

Pourquoi lui défendrait-on d'opter avant la dissolution de la communauté, si elle y trouve son avantage? Par respect pour le texte de la loi? Mais ce texte n'a pas la signification qu'on lui prête. Le législateur a voulu dire que la femme *ne pourrait pas être forcée* par le mari ou par ses ayants-cause de faire son choix avant la dissolution de la communauté. On lui permet de faire attendre sa décision et de tenir en suspens les droits des différents intéressés jusqu'à cette date : on ne l'y oblige pas. Cette règle, établie en sa faveur, ne peut pas se retourner contre elle.

Il nous reste à examiner la valeur d'une dernière objection. Est-il vrai de dire que, si nous permettons à la femme de prendre parti avant la dissolution de la communauté, nous lui retirons d'une main la protection que nous lui octroyons de l'autre, et que nous l'exposons aux abus de pouvoir dont le législateur a voulu la préserver ? Ces craintes nous paraissent exagérées. Il ne faut pas oublier que le régime de communauté est un régime de liberté pour les époux. La loi ménage à la femme un certain nombre de garanties, mais elle ne les lui impose pas. Elle la protège de mille manières contre les actes de son mari ; mais elle ne la restitue jamais contre ses propres actes. Déclarer nulle l'option faite prématurément, ce serait introduire dans la loi une anomalie inexplicable ; ce serait mettre la loi en contradiction avec elle-même. La femme aurait eu le droit, tout le monde en convient, de se porter elle-même adjudicataire, avec l'autorisation de son mari, et de faire immédiatement entrer l'immeuble dans son patrimoine propre. Dès lors, pourquoi lui défendrait-on de s'approprier ce même immeuble

par le retrait d'indivision, lorsqu'il a été acquis par
le mari? De même, pourquoi lui interdirait-on de
renoncer à son droit de retrait? Renoncer au retrait, c'est refuser d'acquérir un propre. Refuser
d'acquérir un bien nouveau, c'est moins grave que
d'aliéner un bien qu'on possède. Et cependant tout
le monde reconnait que la femme peut aliéner ses
propres avec l'autorisation de son mari.

Notre système est donc en harmonie avec les principes du régime de communauté; il est conforme,
dans la plupart des cas, au véritable intérêt de la
femme; et le texte de l'article 1408 n'y fait point
obstacle (1). Nous admettons en conséquence que la
femme peut valablement exercer son droit d'option
avant la dissolution de la communauté.

Cette option peut être expresse, et résulter d'une
déclaration formelle. Elle peut aussi être tacite. Et
ce qui est intéressant à remarquer, c'est que le
même acte juridique, suivant le rôle que la femme
y aura joué, pourra faire présumer tantôt un retrait,
tantôt une renonciation. L'immeuble est vendu à
un tiers, et les deux époux ont pris part à la vente.
Si la femme s'est présentée comme propriétaire, si

1. M. Colmet de Santerre permet à la femme d'exercer le retrait, mais il ne lui permet pas d'y renoncer, avant la dissolution de la communauté. Cela tient au rôle qu'il fait jouer à l'article 1595. Voir notre chap. III. — Colmet de Santerre, t. VI, p.
86. — Laurent, t. XXI, p. 384.

c'est elle qui a vendu le bien, si le mari n'est inter-
venu que pour l'autoriser, elle est censée avoir opté
pour le retrait (1). Si, au contraire, les deux époux
ont vendu l'immeuble conjointement, comme un
conquêt, l'intervention de la femme équivaut à une
renonciation au retrait (2). Nous pourrions en dire
autant d'une donation.

La communauté une fois dissoute, dans quel délai
le droit d'option doit-il être exercé ? Cette seconde
question nous retiendra moins longtemps que la
première.

Il nous parait évident qu'à partir de la dissolution
de la communauté, soit que la femme accepte la
communauté, soit qu'elle y renonce, on peut la contraindre à s'expliquer. Elle ne jouit plus d'aucun
délai. Il serait par trop rigoureux d'obliger le mari
et ses ayants-cause à attendre encore trente années
pour être fixés sur la nature et la valeur de leurs
droits ! Il est même étrange que certains interprètes
aient pu concevoir des doutes sur ce point (3). L'option de la femme est le préliminaire indispensable
d'une liquidation ; or, il est clair qu'on ne saurait
lui permettre d'entraver la liquidation, en refusant

1. Babinet. Dissertation citée.
2. En sens contraire : arrêt de la cour de Besançon du 20
mars 1850. Dalloz, 1852, 2, 287.
3. Voir Toullier, t. XII, n° 168.

obstinément de prendre parti. Le mari ou ses héritiers, les créanciers du mari, les tiers auxquels il a
consenti des droits sur l'immeuble, peuvent donc, à
partir de la dissolution de la communauté, mettre
la femme en demeure de faire son choix (1). Si,
malgré cette sommation, elle refuse de leur faire connaître ses intentions, ils s'adresseront aux juges qui
la condamneront à opter dans un délai déterminé,
sous peine d'être déchue du droit d'exercer le retrait.

Si toutefois, par impossible, la femme n'a pris
parti ni expressément, ni tacitement, après la dissolution de la communauté, si elle n'a pas été mise
en demeure de s'expliquer, elle conserve son droit
d'option. Ce droit n'est prescrit qu'au bout de trente
ans. Cette prescription a pour point de départ le
jour de la dissolution de la communauté. Cependant,
si la communauté se dissout au cours du mariage,
il faut tenir compte de l'art. 2253 qui suspend la
prescription entre époux, et les trente années ne
commencent à courir qu'à partir de la dissolution
du mariage (2).

Une fois cette prescription accomplie, quelle est
la condition de l'immeuble ? Il reste ce qu'il était

1. Duranton, t. XIV, n° 210. — Rodière et Pout, op. cit. n° 636.
— Aubry et Rau, op. cit. page 314. — Colmet de Santerre, op.
cit. page 87.
2. Colmet de Santerre, page 86.

pendente conditione. Par suite, la doctrine que nous
avons admise au sujet de la nature juridique de notre
droit d'option, nous conduit à dire que l'immeuble
est un conquêt, et que la prescription éteint le droit
d'exercer le retrait qui appartenait à la femme.
L'idée de gestion d'affaires impose une solution
diamétralement opposée. Tant que la femme n'a
pas désapprouvé l'acte fait par son mari, le bien
acquis lui appartient en propre, et le silence gardé
pendant trente ans équivaut à une ratification tacite.
Mais pour nous l'immeuble, au jour de l'acquisition,
devient un conquêt ; il conserve provisoirement ce
caractère, tant que la femme n'use pas de son droit
de retrait ; et lorsque la prescription l'a dépouillée
de cette faculté exorbitante, le provisoire fait place
au définitif.

CHAPITRE VII

Deux partis s'offrent à la femme, lorsque le mari a acquis en son nom personnel un immeuble dont elle possédait une part indivise. Elle peut user de la faculté de retrait que la loi lui confère ; elle peut au contraire y renoncer. Examinons successivement les conséquences de chacun de ces deux partis.

§ 1. — Effets de la renonciation de la femme.

Nos explications seront brèves sur ce point. Lorsque la femme renonce à exercer le retrait, le caractère de conquêt est définitivement acquis à l'immeuble, et les droits réels que le mari a consentis à des tiers sur cet immeuble, se trouvent consolidés.

Si la part indivise de la femme a été comprise dans l'acquisition faite par le mari, c'est-à-dire dans le cas d'une acquisition par adjudication, la femme, en renonçant au retrait, devient créancière de la

11

portion du prix afférente à cette part ; et cette créance contre la communauté, elle la fera valoir au moment où elle exercera ses reprises.

« La femme peut retirer l'immeuble, en remboursant à la communauté le prix de l'acquisition. »

Voilà tout ce que l'article 1408 nous apprend sur les effets du retrait d'indivision. Les articles 841 et 1699 qui organisent le retrait successoral et le retrait litigieux, ne sont pas plus explicites. Pour compléter ces trois textes et en combler les lacunes, il faut donc recourir à cette théorie générale du retrait, qui s'est lentement formée dans notre ancien droit, et que Pothier a magistralement exposée à propos du retrait lignager. En ressuscitant cette vieille forme juridique, si usitée jadis, pour l'utiliser dans trois hypothèses différentes, les rédacteurs du Code civil n'ont entendu modifier ni sa nature, ni ses effets. Ils l'ont rétablie, telle que nos anciens auteurs l'avaient conçue et organisée. C'est ce qui explique leur laconisme.

Le droit de retrait, nous l'avons déjà dit précédemment, c'est le droit de se substituer à l'acheteur dans un contrat de vente. Le retrait n'est donc pas

une simple expropriation ; il n'a pas seulement pour
résultat de transporter la propriété d'un bien d'une
tête sur une autre tête : il a pour effet de subroger
une personne à une autre dans tous les droits résultant d'une convention. Mais, dans quelle mesure cette
substitution s'opère-t-elle ? Dans quelle mesure la
personne de l'acquéreur primitif fait-elle place à la
personne du retrayant ? Une distinction s'impose,
suivant nous.

Dans les rapports du retrayant et du retrayé, la
substitution est complète ; le retrayé est censé n'a-
voir jamais été acheteur ; le retrayant est dans la
même situation que s'il avait passé lui-même le
contrat.

Mais, vis-à-vis du vendeur primitif, qui a contracté
avec le retrayé, qui ne connaît que le retrayé, le retrait est *res inter alios acta* : le contrat demeure
intact.

Ces deux propositions résument tous les effets du
retrait. Nous allons les reprendre l'une après l'autre,
afin de les justifier et d'en faire l'application au retrait d'indivision.

1. — *Effets du retrait dans les rapports de la femme
avec le mari et la communauté.*

La substitution est complète, avons-nous dit,
dans les rapports du retrayant et du retrayé : le re-

trayant prend la place de l'acheteur dans le contrat de vente.

De l'aveu de presque tous les interprètes, c'est là l'effet essentiel du retrait; et nos anciens auteurs avaient trouvé des formules énergiques pour exprimer ce résultat. « Ob retractum fingitur emptor retro non acquisivisse », disait Tiraqueau (1); et Dumoulin disait à son tour : « Perinde est ac si emisset ab ipso venditore, et primus emptor non est amplius in consideratione et perinde habetur ac si non emisset. » (2)

Par conséquent, en exerçant le retrait d'indivision, la femme prend pour elle le marché conclu par le mari ; et le droit de propriété qui avait été provisoirement acquis par la communauté, est rétroactivement anéanti. Le caractère de conquêt que l'immeuble avait pris au moment de l'acquisition et qu'il avait gardé *pendente conditione,* est effacé, même pour le passé.

Dès lors, tous les actes d'aliénation ou de constitution de droits réels que le mari a consentis sur cet immeuble, s'évanouissent. Cette solution est presque universellement admise (3).

---

1. Tiraqueau. Du retrait lignager. § 29, gl. 2, n° 2.
2. Dumoulin, in cons. Par. § 20, gl. 8.
3. Rodière et Pont, op. cit. n° 641. — Aubry et Rau, op. cit. page 315. — Colmet de Santerre, op. cit. page 89.

Les partisans du système de la gestion d'affaires sont nécessairement conduits à dire que les actes du mari ne sont pas opposables à la femme, puisque la propriété de l'immeuble, suivant eux, est fixée, dès le début, sur la tête de la femme (1). Pour nous, nous arrivons au même résultat, grâce à l'effet rétroactif du retrait (2).

Seul, M. Laurent (3) a soutenu un système différent. D'après lui, le retrait est un rachat, une nouvelle vente. Dès lors, il n'y a point d'effet rétroactif : l'immeuble ne devient propre qu'à partir du retrait, il ne devient propre que pour l'avenir. La femme est donc tenue de respecter tous les droits concédés à des tiers par le mari. Toutefois, ajoute M. Laurent, ce résultat ne se produira pas toujours. Lorsque le mari a acquis seulement les portions indivises des copropriétaires, l'indivision continue entre la communauté et la femme. Celle-ci, en exerçant le retrait, fait cesser cette indivision. Par suite, son droit remonte dans le passé en vertu de l'effet déclaratif du partage.

Ce système nous paraît inadmissible. Il est formellement contredit par les déclarations réitérées de nos anciens auteurs. Considérer le retrait comme

1. En ce sens : arrêt de la cour de Grenoble, du 18 août 1854. Dalloz, 56, 2, 61.
2. Riom, 29 mai 1843. Dalloz, V° contrat de mariage n° 858.
3. Laurent. t. XXI, p. 390.

un second contrat, comme une nouvelle vente, ce serait créer une institution nouvelle, différant essentiellement de celle que l'ancien droit a connue et organisée.

Suivant nous, les tiers n'ont donc qu'un moyen de traiter en toute sécurité : ils doivent exiger l'adhésion de la femme, au moment où ils contractent avec le mari.

Cependant, la femme a-t elle, toujours et dans tous les cas, le droit de se prévaloir du retrait d'indivision contre les tiers auxquels le mari a consenti des droits sur l'immeuble? Lorsqu'elle accepte la communauté, ces tiers, si toutefois ils ont ignoré la condition particulière de ce bien, ne pourront-ils pas lui opposer l'exception de garantie? Ne pourront-ils pas soutenir que, le mari et la communauté étant obligés de les garantir contre toute éviction, la femme, en acceptant la communauté, assume au moins pour partie cette même obligation, et se met dans l'impossibilité de les évincer?

Nous ne voulons pas nous engager dans cette célèbre controverse qui nous éloignerait du retrait d'indivision. Nous ne rappellerons même pas les nombreux systèmes qui ont été proposés pour la résoudre. Contentons-nous de dire que nous croyons devoir adopter l'opinion à laquelle Pothier s'est rattaché dans son Traité de la communauté. Nous

pensons que le mari n'oblige pas la communauté,
lorsqu'il fait, relativement aux propres de sa femme,
des actes qui excèdent ses pouvoirs (1). Par suite, la
femme qui exerce le retrait d'indivision, n'a pas à
craindre de se voir opposer l'exception de garantie,
à moins qu'elle n'ait personnellement approuvé ou
ratifié l'acte passé par le mari.

Puisque la femme dépouille à son profit la communauté de tous les bénéfices résultant du contrat,
elle doit en revanche lui rembourser tout ce qu'elle
a dépensé pour cette acquisition. Le remboursement
du prix payé par l'acheteur est la condition essentielle de tout retrait. « Le principe général sur les
obligations du retrayant, dit Pothier, est qu'il doit
rendre l'acquéreur indemne aussi parfaitement qu'il
lui est possible de le rendre indemne (2). »

C'est *le prix réel* que la femme doit rembourser à
la communauté. Si le mari et les copropriétaires ont
porté dans l'acte de cession un prix exagéré, pour
éviter l'exercice du retrait d'indivision, elle est admise à faire la preuve de cette fraude par tous les
moyens (3).

---

1. Pothier. Traité de la communauté, n° 253.—Voir cependant :
Pothier. Traité de la Vente, n° 180. — Aubry et Rau, t. V. page 347.

2. Pothier. Traité des Retraits, page 343.

3. Sur toutes ces questions : Voir Pothier. Traité des retraits. —
Demolombe, t. XVI. (A propos du retrait successoral.)

Mais, hâtons-nous de faire remarquer qu'elle ne
sera pas toujours tenue de rembourser la totalité du
prix. Lorsque le mari a acquis l'immeuble par adjudication, la part indivise de la femme s'est trouvée
comprise dans cette acquisition. Par suite, elle est
devenue créancière de la portion du prix afférente
à cette part; et, si cette somme ne lui a pas encore
été payée par la communauté, au moment où elle
exerce le retrait, elle ne doit à cette même communauté le remboursement du prix d'adjudication, que
déduction faite de cette somme, pour laquelle il
s'établit une compensation (1).

L'aliénation de l'immeuble, consentie par le
mari, ne modifie en rien le droit de la femme,
nous l'avons vu plus haut. Dès lors, quand elle
exerce le retrait contre le cessionnaire de son mari,
c'est toujours le prix de l'acquisition primitive
qu'elle doit rembourser. Que le mari ait revendu
l'immeuble plus cher ou moins cher qu'il ne l'a-
vait lui-même payé, peu importe ! c'est le premier
contrat de vente que la femme prend à son compte,
ce n'est pas le second. C'est sur la communauté
qu'elle exerce le retrait; c'est la communauté
qu'elle doit rendre indemne, elle n'a pas à se préoc-
cuper du cessionnaire (2).

1. Cass., 14 novembre 1854. Dall. 1855, 1, 232.
2. Mais, que deviendra la différence entre les deux prix ? Si le

Le cessionnaire qu'elle dépossède doit donc recevoir ce que la communauté aurait reçu, ni plus ni moins. Voici une nouvelle conséquence de cette idée. Dans certains cas, nous l'avons vu plus haut, la femme a le droit de retenir par compensation la portion du prix qui correspond à sa part indivise. Elle jouit de ce droit, lorsque sa part, acquise avec tout le reste par le mari, ne lui a pas été payée avant le retrait. Si, dans cette hypothèse, elle exerce le retrait contre un cessionnaire, elle peut se prévaloir contre lui de cette compensation, comme elle aurait pu s'en prévaloir contre la communauté elle-même. Nous voudrions faire sentir par un exemple le résultat pratique de cette règle. L'immeuble entier a été adjugé au mari pour la somme de 100,000 francs. La femme possédait, je le suppose, la moitié indivise de cet immeuble : elle est donc devenue créancière de la moitié du prix, c'est-à-dire de 50,000 francs. Mais, cette somme ne lui a pas été payée avant la dissolution de la communauté. Si elle exerçait le retrait sur la communauté, elle ne devrait lui rembourser que 50,000 francs. Si elle

premier prix, celui qui doit être remboursé dans tous les cas, est supérieur au second, c'est le cessionnaire du mari qui en profitera. S'il est moins élevé, c'est lui qui en souffrira, à moins que le mari ne soit tenu de le garantir. — Voir M. Demolombe, t. XVI, page 112, et M. Labbé, Revue critique, t. VI, p. 153.

l'exerce sur un tiers auquel le mari a vendu l'immeuble, elle ne sera pas tenue de lui rembourser
plus de 50,000 francs, quand même ce tiers aurait
payé l'immeuble 100,000 francs. Pour le surplus,
il aura un recours en garantie contre le mari ou ses
héritiers, s'il a ignoré la condition particulière du
bien qu'il achetait. Mais, la femme a le droit de le
dépouiller de l'immeuble, dès l'instant qu'elle a versé
entre ses mains ce qu'elle aurait dû payer à la communauté pour la rendre indemne.

Outre le prix de l'acquisition, l'indemnité que la
femme doit à la communauté comprend encore les
frais et loyaux coûts du contrat. Elle comprend aussi
les impenses faites sur l'immeuble. D'après Pothier,
le retrayant ne doit, en général, rembourser au retrayé que les impenses *nécessaires* (1). Mais, les règles spéciales du régime de communauté nous for-
cent à admettre une solution différente. Pour l'immeuble sur lequel elle exerce le retrait, comme pour
ses autres propres, la femme doit tenir compte à la
communauté des dépenses nécessaires et même des
dépenses *simplement utiles*.

Il nous reste à examiner une question sur laquelle
on ne s'appesantit guère d'ordinaire, et qui présente
cependant un grand intérêt tant au point de vue

---

1. Pothier. Traité des retraits, nº 331.

doctrinal qu'au point de vue pratique. Nous venons de voir que la femme qui exerce le retrait d'indivision, doit payer à la communauté une certaine indemnité, dont nous avons déterminé la nature et l'étendue. Le retrait ne peut avoir lieu qu'à cette condition. C'est une condition essentielle. Est-ce une *condition préalable?* Le remboursement doit-il précéder la dépossession? D'une façon générale, le retrayé jouit-il d'un *droit de rétention* sur le bien soumis au retrait, pour le recouvrement de l'indemnité qui lui est due par le retrayant?

Nous répondons affirmativement, sans hésiter. Suivant nous, en effet, le droit de rétention existe toutes les fois qu'il y a *debitum cum re junctum,* toutes les fois que le détenteur d'un bien revendiqué se trouve être créancier du revendiquant à propos de ce bien (1). Mais, quel que soit le système que l'on adopte sur l'étendue d'application du droit de rétention, il est impossible de refuser ce droit au retrayé. Point de droit de rétention sans texte, nous dira-t-on! Mais, nous avons trois textes pour un. Les trois articles du Code qui ont consacré le droit de retrait, ont consacré par là-même ce droit de rétention, puisqu'il est de l'essence du retrait, comme il est de l'essence de l'expropriation pour cause d'u-

1. Colmet de Santerre.

tilité publique, puisqu'on ne comprendrait pas le
retrait sans ce droit de rétention.

Cela ne faisait pas de doute pour Pothier. Il nous
explique que le retrayant doit offrir le paiement ; si
l'acheteur refuse de le recevoir, il aura recours à la
procédure des offres réelles et de la consignation ;
et ce n'est qu'après cette consignation, qu'il pourra
entrer en possession (1). Et il ajoute quelques lignes
plus bas : « L'acquéreur est obligé de délaisser au
retrayant l'héritage... il doit faire ce délais, aussi-
tôt après que le retrayant lui a remboursé le
prix. » (2)

Enfin, si l'on refusait d'admettre ce droit de rétention, on ferait au retrayé en général, on ferait
en particulier au mari et à la communauté une situation intolérable. Je suppose qu'à la dissolution
de la communauté, la femme soit insolvable ; ses
créanciers vont exercer en son nom le retrait d'indivision. Auront-ils le droit de saisir l'immeuble et
de le faire vendre, sans rembourser à la communauté le prix d'acquisition ? Est-ce qu'ils auront le
droit de dire au mari : Nous commençons par exercer le retrait ; pour le paiement de votre indemnité,
vous viendrez concourir avec nous au marc le franc
sur cet immeuble et sur les autres biens de notre

1. Pothier. Traité des retraits, n° 391.
2. Pothier. Traité des retraits. n⁰ˢ 397, 398.

débitrice ? La loi n'a pas pu consacrer un pareil résultat. Elle permet bien à la femme, par une faveur spéciale, de s'approprier un immeuble qui devrait être un conquêt. Mais, c'est à la condition que la communauté n'aura pas à en souffrir, et ne sera pas obligée de se laisser dépouiller sans compensation d'une valeur qu'elle a légitimement acquise.

Nous pensons donc que le mari, représentant la communauté, ou le cessionnaire du mari jouissent d'un droit de rétention sur l'immeuble soumis au retrait. Le retrait s'accomplit, sans doute, par la seule déclaration de la femme ; dès qu'elle a fait connaître ses intentions, la substitution s'opère et la propriété est transportée sur sa tête; mais, la dépossession ne peut avoir lieu qu'après le paiement de l'indemnité.

Cette doctrine s'applique sans difficulté, lorsque la femme exerce le retrait à la dissolution de la communauté. Mais, si elle prétend l'exercer au cours de la communauté, comme nous lui en avons reconnu le droit, notre embarras devient plus grand. En principe, il n'y a point de règlement de comptes entre les époux tant que la communauté n'est pas dissoute. Et cependant, si nous admettons dans cette hypothèse le droit de rétention, si nous exigeons de la femme un remboursement préalable, nous l'obligeons à payer une récompense à la communauté avant la dissolution de cette communauté. Comment trancher cette difficulté ? Malgré la bizarrerie du résultat auquel nous sommes forcés d'aboutir, c'est le principe du droit de rétention qui nous paraît devoir l'emporter. Il est impossible de priver le retrayé de cette garantie, puisqu'elle est inséparable du retrait. A vrai dire, cette question ne se posera pas d'ordinaire; car le mari conservera l'immeuble entre ses mains en sa qualité d'administrateur des propres de la femme, et le règlement de la récompense aura lieu à la dissolution de la communauté. Mais, si les créanciers de la femme voulaient saisir immédiatement cet immeuble, le mari pourrait se prévaloir contre eux de son droit de rétention.

II. — *Le retrait ne produit aucun effet vis-à-vis des copropriétaires de la femme qui ont cédé leurs parts au mari.*

Le retrayant, nous venons de le voir, s'approprie tous les bénéfices d'un contrat de vente auquel il n'avait point pris part; il en supporte également toutes les charges; en un mot, il déloge l'acheteur de la position qu'il avait prise dans ce contrat et se met à sa place. Mais, celui qui avait traité avec cet acheteur, celui qui avait joué le rôle de vendeur

dans ce contrat de vente, va-t-il ressentir les effets
de cette substitution ? J'avais vendu mon immeuble
à Paul : Pierre exerce le retrait ; est-ce que, par
suite de ce retrait, je suis censé n'avoir jamais eu
Paul pour acheteur ? est-ce que je suis censé avoir
vendu à Pierre ? D'une façon générale, le retrayant
prend-il la place du retrayé vis-à-vis du cédant primitif ? En particulier la femme, en vertu du retrait
d'indivision, est-elle censée avoir traité elle-même
avec ses copropriétaires ?

Une grave controverse s'est élevée sur ce point.
Cette importante question divisait nos vieux auteurs ;
elle divise encore aujourd'hui la doctrine. Dans un
premier système, qui est enseigné par MM. Labbé et
Colmet de Santerre (1), on soutient que la substitution qui résulte du retrait est complète et qu'elle
doit produire ses effets vis-à-vis de tous, même vis-
à-vis du vendeur. Nous ne saurions mieux faire,
pour résumer cette doctrine, que de reproduire la
formule ingénieuse proposée par M. Labbé : « Sup-
posez, dit-il, que le retrayant soit, et dès le principe,
celui avec lequel le vendeur a contracté ; écartez
l'acheteur primitif comme s'il avait toujours été
étranger à l'opération : toutes les conséquences qui

1. Labbé. Revue critique, t. VI, p. 142. — Colmet de Santerre,
op. cit. page 90. — Zachariæ. t. II, p. 571.— Arrêt de la Cour de
Cass. rendu sur les conclusions de Merlin, le 1er décembre 1806.

en résulteront seront vraies. » On s'attache exclusivement dans ce système à l'idée de l'effet rétroactif du retrait, et l'on pousse cette idée jusque dans
ses dernières conséquences : c'est le *système de la
rétroactivité absolue*.

Dans un second système, qui est admis par la
plupart des auteurs, notamment par MM. Rodière et
Pont, Demolombe, Aubry et Rau (1), on prétend que
l'exercice du retrait ne modifie en aucune façon la
situation du vendeur. Le retrait a sans doute pour
résultat de substituer un tiers à l'acheteur ; mais
cette substitution ne produit ses effets que dans les
rapports du retrayant et du retrayé. Tout se passe
entre ces deux personnes. Vis-à-vis du vendeur, le
retrait est *res inter alios acta*. Ainsi que nous l'avons
déjà fait pressentir, c'est ce système, c'est le système de *la demi-rétroactivité* qui nous semble le
plus conforme aux véritables principes, et que nous
croyons devoir adopter.

Mais, avant d'entrer dans le vif du débat, et afin
de mieux faire comprendre toute l'importance de
cette controverse, commençons par indiquer les
conséquences pratiques auxquelles on aboutit dans

1. Rodière et Pont, op. cit. n° 640. — Demolombe, t. XVI, page
145. — Aubry et Rau, op. cit. page 315. — Brives-Cazes. Rev. de
Législ. t. XL. p. 69. — Thèse de M. Terrat, 1872, t. VII. — Cour
de Bordeaux, 24 juillet 1850. Dalloz 1855, 2, 214. — Cour de Cass.
14 nov. 1854. Dalloz, 1855, 1, 232.

chacune de ces deux doctrines.

Nous avons toujours supposé jusqu'ici que le prix de vente avait été intégralement payé par l'acheteur au vendeur, avant l'exercice du retrait; et nous avons vu qu'il doit être remboursé à l'acheteur par le retrayant. Mais il est possible que ce prix soit encore dû, en totalité ou en partie; il est possible que ce prix consiste, soit en une rente perpétuelle, soit en une rente viagère. En un mot, il peut arriver que l'acheteur ne soit pas libéré de ses obligations vis-à-vis du vendeur, au moment où le retrait est exercé. C'est dans cette hypothèse qu'il est nécessaire de prendre parti sur la question qui nous occupe en ce moment.

Dans le système de la rétroactivité absolue, le retrait a pour résultat de transporter l'obligation de payer le prix, de la tête de l'acheteur sur la tête du retrayant. L'acheteur est dégagé, comme s'il était toujours resté étranger au contrat, *perinde ac si non emisset*. Le vendeur primitif a désormais pour débiteur, et pour débiteur unique, le retrayant. En particulier, les copropriétaires de la femme, une fois le retrait d'indivision exercé, doivent s'adresser à la femme elle-même pour se faire payer le prix qui leur reste dû. Mais les partisans de cette doctrine ajoutent qu'en vertu des principes du régime de communauté, en vertu de l'article 1409, la communauté

12

et le mari restent tenus subsidiairement ; car la situation doit être la même que si la femme avait fait
l'acquisition en son propre nom avec l'autorisation
de son mari (1).

Dans notre système, au contraire, nous devons dire
que le vendeur primitif ne change pas de débiteur.
Les copropriétaires conservent donc leur action personnelle en paiement du prix contre leur acheteur,
c'est-à-dire contre le mari et la communauté, comme
s'il n'y avait pas eu de retrait. Et ils n'ont d'action
personnelle que contre leur acheteur (2). Ils ne
peuvent agir contre le retrayant, contre la femme,
qu'en vertu de leur privilège de vendeurs ou de leur
action résolutoire, s'ils ont conservé ces différents
droits, ce qui ne peut jamais leur procurer une
somme supérieure à la valeur de l'immeuble au moment des poursuites.

Tel est l'intérêt pratique que notre controverse
peut présenter, à propos de toute espèce de retrait.

1. Labbé. Colmet de Santerre.
2. L'acheteur aura, bien entendu, un recours contre le retrayant
Mais dans cette hypothèse, lorsque le prix est encore dû, comment le retrayant pourra-t-il, au moment du retrait, satisfaire à
la condition qui lui est imposée de rendre indemne le retrayé ?
Suivant nous, il n'est pas forcé de lui rembourser le prix par
avance : il suffit qu'il lui offre une garantie sérieuse, caution ou
hypothèque. — En ce sens : Dumoulin, in Cons. Par. § 20. gl. 8,
nº 5. — Demolombe, t. XVI, page 150. — Contrà ; Pothier. Traité des retraits nº 301.

Mais, lorsqu'il s'agit spécialement du retrait d'indivision, elle en présente un second qui n'a pas moins
d'importance, qui n'est pas moins digne de retenir
notre attention. Il y a ceci de particulier, dans le
retrait d'indivision, que le cédant primitif qui a
contracté avec le retrayé, se trouve être le copropriétaire du retrayant (1) ; de telle sorte que, si le
retrayant avait traité lui-même avec ce cédant primitif, l'acte, au lieu d'avoir le caractère d'une vente,
aurait eu le caractère d'un partage.

Mais, à raison de l'effet rétroactif du retrait, c'est
comme si la femme avait traité directement avec
ses copropriétaires, disent les partisans de la rétroactivité absolue ; *et lorsque le retrait est exercé,
l'acte change de nature.* (2) Il est facile d'apercevoir
toutes les conséquences que l'on peut déduire de
cette formule.

Supposons, pour écarter toutes les difficultés
étrangères à notre question, qu'il s'agisse d'un acte
qui soit de nature à faire cesser l'indivision d'une
façon absolue et au regard de tous, supposons qu'il
s'agisse d'une adjudication. Lorsque le mari s'est
porté adjudicataire, puisqu'il n'est qu'un étranger,
l'adjudication produit les effets d'une vente. Mais au
moment où la femme exerce le retrait d'indivision,

1. On pourrait en dire autant du Retrait successoral.
2. Colmet de Santerre.

la scène change, disent les auteurs dont nous exposons actuellement la doctrine : la femme est censée tenir ses droits de première main de ses copropriétaires (1), et l'adjudication produit tous les effets d'un partage, comme si elle s'était portée elle-même adjudicataire.

Ce n'est donc pas le privilège du vendeur que les copropriétaires pourront exercer contre la femme pour se faire payer le prix afférent à leur part indivise, c'est le privilège du copartageant. En cas de défaut de paiement du prix, ils auraient pu, avant le retrait, faire procéder à la *revente à folle enchère*. Mais une fois le retrait exercé, ils ne le peuvent plus, car la revente à folle enchère n'est qu'une forme spéciale de l'action en résolution, et l'action en résolution n'est pas possible entre copartageants. Et de même au point de vue de la garantie, au point de vue de la rescision pour lésion, au point de vue de la transcription et de la perception du droit de transcription, ce sont les règles du partage qui doivent s'appliquer, à partir du retrait ; ce ne sont plus les règles de la vente. L'adjudication change de nature, tel est le principe posé par les défenseurs de la rétroactivité absolue : il est aisé d'en déduire toutes les applications.

Mais, voici le résultat le plus grave de cette mé-

1. Labbé.

tamorphose. Puisque, en vertu de l'effet rétroactif
du retrait, la femme est censée s'être portée elle-
même adjudicataire, l'adjudication, aux termes de
l'article 883, produit un effet simplement déclaratif. Par suite, le droit de propriété de la femme remonte, non seulement au jour de l'adjudication, mais
au jour où l'indivision a pris naissance entre elle et
ses copropriétaires ; ceux-ci sont réputés n'avoir jamais eu aucun droit sur l'immeuble ; et le retrait
fait tomber rétroactivement non seulement tous les
droits réels consentis par le mari depuis l'adjudication, mais encore tous ceux que les copropriétaires
de la femme avaient pu consentir depuis le commencement de l'indivision (1).

Tout en admettant ce résultat auquel on aboutit
forcément avec son système, M. Colmet de Santerre
est le premier à reconnaitre qu'il est désastreux.
Les droits réels consentis par les copropriétaires
pendant l'indivision seront maintenus si l'immeuble reste dans la communauté ; si, au contraire, la
femme exerce le retrait, ils seront anéantis en
vertu de l'article 883. Le sort des ayants-cause des
copropriétaires restera donc incertain, tant que la
femme n'aura pas pris parti. A ce mal, M. Colmet
de Santerre propose un remède : les copropriétaires

1. Colmet de Santerre.

ou leurs ayants-cause ne sont pas obligés, suivant lui, d'accepter cette situation. Lorsque le mari s'est porté adjudicataire, ils peuvent faire annuler l'adjudication. « Qu'un vendeur à l'amiable, dit-il, accepte un acquéreur sous condition, c'est son droit, il sait ce qu'il fait ; mais qu'un vendeur sur licitation aux enchères, qui appelle le public, soit obligé d'accepter pour acheteur une personne qui est ou n'est pas le véritable acheteur, au hasard d'une éventualité subordonnée pendant très longtemps à la volonté d'une troisième personne, voilà ce qui ne peut être admis.» (1) C'est une solution ingénieuse, mais peut-être bien hardie.

Voilà quelles sont les conséquences du changement de nature de l'acte passé par le mari. Il est facile de s'apercevoir que les auteurs qui soutiennent cette doctrine, tout en prenant comme point de départ l'idée de retrait, aboutissent sur presque tous les points aux mêmes résultats que s'ils expliquaient le droit d'option de l'article 1408 par l'idée de gestion d'affaires.

Notre système conduit à des résultats tout différents. Puisque le retrait, suivant nous, ne peut produire aucun effet vis-à-vis du vendeur, l'acte ne change pas de nature. Même après le retrait, les

1. Colmet de Santerre, op. cit. p. 92.

copropriétaires de la femme ne sont pas censés avoir
traité directement avec leur copropriétaire, ils ne
connaissent que le mari. Au moment où l'adjudication s'est produite, elle avait le caractère d'une
vente : elle conserve ce caractère, quoi qu'il arrive.

Par suite, c'est le privilège du vendeur que les
copropriétaires peuvent exercer contre la femme ; et
en outre de leur privilège, si le prix n'est pas payé,
ils jouissent du droit d'exiger *la revente à folle enchère* (1). Et de même, qu'il s'agisse de la garantie,
de la rescision pour lésion ou de la transcription, il
faut appliquer, même après le retrait, toutes les règles de la vente.

Enfin, l'article 883 ne saurait en aucune façon
s'appliquer, et le droit de la femme remonte seulement au jour de l'adjudication. L'adjudication au
profit du mari, qui est un étranger, a eu un effet
translatif. Par suite, tous les droits réels que les
copropriétaires avaient consentis à des tiers depuis
le commencement de l'indivision, se sont trouvés
consolidés. Et le retrait ne peut rien changer à ce
résultat, puisqu'il ne produit aucun effet vis-à-vis
du cédant primitif.

En résumé, si l'on admet le premier système, si

1. Nancy, 9 juin 1854. Sir. 54, 2, 785.

l'on admet que le retrait produit *erga omnes* un effet
rétroactif absolu, on en déduit les deux conséquences
suivantes : 1° les copropriétaires changent de débiteur, si le prix n'est pas payé au moment du retrait ; 2° l'acte change de nature. Si l'on refuse, au
contraire, d'étendre l'effet rétroactif au vendeur, si on
le limite aux relations du retrayant et du retrayé,
on doit décider : 1° que les copropriétaires ne changent pas de débiteur ; 2° que la nature de l'acte
n'est pas modifiée.

Nous pouvons maintenant aborder la discussion
de cette grave question, dont nous venons de montrer tout l'intérêt pratique.

Pour établir leur système, MM. Labbé et Colmet
de Santerre invoquent plusieurs arguments.

Ils prétendent, tout d'abord, qu'il est contradic-
toire d'accepter pour partie l'effet rétroactif et de
le repousser pour partie. Puisque l'acheteur est dépouillé de tous les droits nés du contrat, pourquoi,
disent-ils, demeurerait-il chargé de toutes les obligations que ce contrat lui avait imposées ? Puisque,
vis-à-vis du retrayant, il est censé n'avoir jamais été
acheteur, comment pourrait-il rester acheteur vis-
à-vis du cédant ? Puisque le retrait n'est pas autre
chose que la substitution d'un tiers à l'une des parties dans un contrat de vente, comment cette subs-

titution resterait-elle sans effet vis-à-vis de l'autre
partie ?

On ajoute que nos anciens auteurs admettaient la
rétroactivité complète et absolue du retrait. Tiraqueau dit en effet que le retrayant prend pour lui
tous les droits et toutes les obligations de l'acheteur ; qu'il entre *in jus omne et incommodum emplo-
ris* (1) ; que le contrat tout entier est transporté sur
sa tête, *in eum transfunditur et transfertur contractus* (2). Et il ajoute que, s'il en était autrement,
le retrait serait, de toutes les institutions, la plus
inique : *Alias autem hoc statutum esset omnium ne-
quissimum* (3).

Grimaudet enseignait, lui aussi (4), que l'acheteur devait être déchargé de ses obligations envers
le vendeur. Enfin, on cite un arrêt du parlement de
Bretagne (5), qui obligeait le vendeur à accepter le
retrayant comme débiteur : « En vente faite à la
charge d'une rente viagère, disait cet arrêt, le retrait a lieu, quoique le vendeur refuse d'accepter
l'obligation du retrayant dans la place de l'acquéreur ; sur le refus du vendeur, le retrayant est obligé

1. Tiraqueau. Traité du Retrait, § 29. gl. II, n° 5.
2. Eodem.
3. Tiraqueau, § 1. gl. 18, n.° 40.
4. Grimaudet. chap. VII. n° 10.
5. Journal des audiences du Parlement de Bretagne, 29 mai
1732.

de donner caution pour sûreté de la rente viagère,
et ce cautionnement suffit pour décharger l'acquéreur de l'obligation portée par le contrat de vente. »

Malgré la valeur de ces deux arguments, cette
doctrine, nous l'avons déjà dit, ne nous parait pas
fondée.

Nous aussi, nous pouvons invoquer l'ancien droit :
car la doctrine de Tiraqueau était loin d'être universellement admise. Dumoulin examine la question,
au titre des fiefs de la coutume de Paris (1), à propos du retrait féodal, et il déclare formellement que
le vendeur ne peut pas être forcé de changer de débiteur : « Sed quid si actor (le retrayant) faciat
evocari venditorem, cui se expromissorem offerat
loco emptoris animo novandi, *an teneatur venditor
mutare et novare debitorem? Breviter respondeo quod
non,* ex quo semel obligatio est constituta et per-
fecta. »

Pothier, après avoir examiné les raisons que l'on
peut faire valoir au profit de la doctrine opposée,
adopte l'opinion de Dumoulin. « Le vendeur n'est
pas obligé, dit-il, quelque caution qu'on lui offre,
d'accepter le retrayant pour débiteur à la place de
l'acheteur. La raison est que le retrait est une
affaire qui ne se passe qu'entre le retrayant et l'a-

---

1. § 20, gl. VIII, n° 8.

cheteur sur qui le retrait s'exerce, et qui ne concerne pas le vendeur. Le vendeur n'étant pas garant du retrait, l'acheteur étant censé s'être chargé d'en courir le risque, le retrait ne peut donner à l'acheteur sur qui il est exercé aucune action contre le vendeur pour l'obliger à le décharger de son obligation ; le vendeur se trouve donc dans la règle générale qui ne permet pas qu'un créancier puisse être obligé malgré lui à changer de débiteur, quelque caution qu'on lui offre. Plusieurs coutumes ont des dispositions conformes à cette décision de Dumoulin ; Melun, art. 153; Auxerre, art. 175 ; Sens, art. 53, etc.... » (1)

Pothier tient le même langage dans l'*Introduction au titre du Retrait lignager de la coutume d'Orléans* (2) : « Quelques auteurs, dit-il, donnent encore cet effet au retrait, que l'acheteur sur qui l'héritage est retiré, est déchargé de ses obligations envers le vendeur ; mais nous avons vu que, suivant les principes de notre coutume, il n'était pas déchargé envers le vendeur, mais devait seulement en être indemnisé par le retrayant. » Enfin, cette doctrine était celle de Legrand (3), de Ferrières (4), de Basnage (5) ; et elle

1. Pothier. Traité des Retraits, n° 300.
2. Pothier, tome I, p. 569.
3. Legrand, art. 144. Cout. de Troyes, gl. III, n° 5.
4. Ferrières. Dictionn. V° Retrait lignager, p. 555.
5. Basnage, art. 442 de la Cout. de Normandie.

était généralement consacrée par les coutumes.

Il n'est certes pas téméraire de croire que, s'il était venu à la pensée des rédacteurs du Code civil de prendre parti sur cette question, ils auraient adopté l'opinion enseignée par Dumoulin et par Pothier, dont l'autorité vaut bien, j'imagine, celle de Tiraqueau et de son fidèle disciple Grimaudet.

D'ailleurs, les inconvénients pratiques du système que nous combattons, suffiraient pour le faire repousser. Il nous semble tout à fait inique d'imposer au vendeur l'obligation de changer de débiteur. A la place de celui avec lequel il avait traité et en qui il avait confiance, on le forcerait à accepter un débiteur nouveau, qu'il ne connaît pas, et qui est peut-être insolvable ! Ce serait faire produire au retrait un effet bien rigoureux. Et sur qui tomberait cette rigueur ? Sur le vendeur, qui n'a fait qu'user de son droit et qui n'a rien à se reprocher.

On a proposé, je le sais bien, un tempérament : le retrayant, a-t-on dit, ne pourra exercer le retrait qu'à la condition de fournir au vendeur une caution pour assurer le paiement du prix qui reste dû. C'est une solution ingénieuse, assurément ; mais, cette concession ruine le système de nos adversaires. Le retrayant succède purement et simplement, suivant eux, aux obligations de l'acheteur ; et cependant, ils lui imposent vis-à-vis du vendeur une obligation

nouvelle qui ne pesait pas sur l'acheteur, l'obligation de fournir caution. Tout doit se passer, disent-
ils, comme si le ratrayant avait traité directement
avec le vendeur. Mais alors pourquoi donner à ce
dernier une garantie qu'il n'avait pas stipulée dans
le contrat ?

Le système de la rétroactivité absolue, appliqué
au retrait d'indivision, produit, nous l'avons vu plus
haut, une seconde conséquence qui est également
inacceptable. Nous avons montré à quels résultats
on est fatalement conduit, si l'on admet que le
retrait d'indivision a pour effet de transformer en
un acte équivalant à partage, la vente conclue entre
les copropriétaires de la femme et le mari. Ou bien,
il faut tenir en suspens, jusqu'à l'option de la femme,
les droits des ayants-cause des copropriétaires ; ou
bien il faut admettre, avec M. Colmet de Santerre,
une cause de nullité de l'adjudication, que la loi n'a
pas prévue.

Enfin, si nous faisons, pour un moment abstraction, et des précédents et des considérations d'équité,
si nous nous laissons guider exclusivement par les
principes du droit, nous serons encore conduits à
décider que le vendeur doit rester en dehors du
retrait.

En effet, le retrait, tel que le conçoivent nos adversaires, avec son effet rétroactif absolu, ce serait,

au point de vue du vendeur, qui est encore créancier de son prix, une novation par changement de
débiteur. Or, la novation par changement de débiteur ne peut pas s'accomplir sans le consentement
du créancier. C'est un principe certain. Y a t-il un
motif suffisant pour y déroger en matière de retrait?
Nous ne le croyons pas. Nous consentirions, sans
doute, à sacrifier ce principe, si ce sacrifice était
indispensable pour assurer l'efficacité du retrait.
Mais le retrait n'a pas besoin de réfléchir contre le
vendeur, pour produire tous les résultats que le législateur en attend. Il suffit qu'il ait un effet rétroactif complet dans les rapports du retrayant et
du retrayé. Dès lors, tout doit se passer exclusivement entre ces deux personnes ; et il ne faut pas
étendre, inutilement et comme à plaisir, la portée
et les effets d'un droit aussi anormal, aussi exorbitant que le droit de retrait.

Les principes, la tradition, les raisons pratiques,
tout nous conduit à repousser le système de la rétroactivité absolue.

Nous pouvons maintenant résumer en quelques
lignes notre doctrine sur les effets du retrait
en général, sur les effets du retrait d'indivision
en particulier. Le retrait produit une substitution
complète et rétroactive dans les relations de la
femme et de la communauté. A la condition de ren-

dre indemne la communauté, la femme prend pour
elle tous les bénéfices du contrat; et son droit de
propriété remonte au jour de l'acquisition faite par
le mari. Mais, la situation des copropriétaires qui
ont traité avec le mari, n'est en aucune façon modifiée par l'exercice du retrait.

CHAPITRE VIII.

LE RETRAIT D'INDIVISION AU POINT DE VUE DES DROITS D'ENREGISTREMENT.

Nous devons nous demander quels sont les droits du fisc, d'abord à propos de l'acquisition faite par le mari, en second lieu, à propos de l'exercice du retrait.

Au moment où le mari acquiert la totalité ou une portion d'un immeuble dont la femme était propriétaire par indivis, il s'opère une transmission de propriété immobilière, qui doit évidemment donner lieu à la perception d'un droit proportionnel. Mais quel est le montant de ce droit ? Ici nous retrouvons la grande controverse que nous avons examinée et résolue dans un de nos premiers chapitres. Faut-il expliquer le droit d'option de l'article 1408 par l'idée de gestion d'affaires ou par l'idée de retrait ? Au moment de l'acquisition faite par le mari, l'immeuble devient-il immédiatement un propre de la femme, ou bien devient-il un conquêt ? Cette question présente, au point de vue de l'application des droits d'enregistrement, un intérêt capital. (1)

En effet, si l'immeuble acquis devient immédiatement un propre de la femme, la mutation s'opère entre cohéritiers. Par suite, elle ne donne lieu qu'à la perception du droit de 4 p. 100, à condition toutefois qu'elle fasse cesser l'indivision ; et ce droit de 4 p. 100 ne peut être perçu que sur les parts qui n'appartenaient pas à la femme.

Au contraire, si l'immeuble tombe provisoirement dans la communauté, c'est le droit de vente ordinaire de 5 fr. 50 p. 100, c'est-à-dire le droit de mutation augmenté du droit de transcription, qui sera exigé ; et il sera perçu sur tout ce qui a fait l'objet de la mutation, même sur la part indivise de la femme, si elle a été comprise dans l'acquisition faite par le mari.

L'administration de l'Enregistrement a longtemps hésité sur cette question, ainsi que cela résulte d'une consultation rédigée par ses avocats le 20 juillet 1854, et d'une délibération des 20-23 mai 1864. Mais, elle s'est finalement arrêtée au second système, et elle l'a consacré par ses solutions du 28 juin 1867, du 7 décembre 1871, des 21 et 30 septembre 1872 (2).

1. Dictionnaire des Droits d'Enregistrement. V° Communauté, nos 304 et suivants.
2. Dictionnaire des Droits d'Enregistrement, eodem, no 309.

13

Les tribunaux se sont plusieurs fois prononcés dans
ce sens. Nous pouvons citer notamment un juge-
ment du tribunal de Saint-Etienne du 27 décembre
1865, et un arrêt de la Cour de cassation du 9 janvier 1854 (1). C'est ce second système qui nous paraît le meilleur, puisqu'il est en harmonie avec les
principes que nous avons admis au point de vue du
droit civil. L'acquisition faite par le mari doit donc
donner lieu, suivant nous, à la perception d'un
droit proportionnel de 5 fr. 50 p. 100.

Mais, il n'est pas dû un second droit, lorsque la
femme exerce le retrait d'indivision. En effet « le
retrait n'opère pas une mutation nouvelle entre le
retrayant et le retrayé, c'est une simple substitution
de personne dans un même contrat. » (2) Il n'y a
pas deux ventes successives, disait Pothier, il n'y a
qu'une seule vente. Aussi dans notre ancien droit,
l'exercice du retrait ne donnait-il ouverture ni aux
profits seigneuriaux, ni au droit de centième denier (3). Il en est de même aujourd'hui, et le fisc ne
peut réclamer à la femme, à l'occasion du retrait
d'indivision, ni droit de mutation immobilière, ni
droit de transcription (4).

---

1. Sirey, 1854, 1, 124.
2. Dictionnaire des Droits d'Enregist. V° Retrait, n° 60.
3. Dictionnaire des Domaines. V° Retrait, p. 130.
4. Dictionnaire des Droits d'Enregist. V° Communauté, n° 328.

CHAPITRE IX

LE RETRAIT D'INDIVISION PEUT-IL ÊTRE ÉTENDU AUX AUTRES RÉGIMES MATRIMONIAUX ?

En organisant le droit d'option de l'article 1408, dont nous venons d'étudier la nature juridique, les conditions et les effets, le législateur a entendu protéger la femme contre les calculs égoïstes et les abus de pouvoir du mari. Il n'a établi cette institution protectrice en termes exprès qu'au profit de la femme mariée sous le régime de communauté. Est-il néanmoins permis de l'étendre à toutes les femmes mariées, sans exception? Doit-on appliquer l'article 1408-2°, quel que soit le régime matrimonial adopté par les époux ?

Si, en examinant cette question, nous pouvions faire abstraction des textes de notre droit positif, si nous avions à nous demander, non pas ce qui est dans la loi, mais ce qui devrait y être, nous admettrions volontiers cette extension. Il peut arriver, en effet, sous tous les régimes matrimoniaux, que la femme ait, au nombre de ses biens propres, une portion indivise d'un immeuble. Sous tous les régimes, il est possible qu'elle ait intérêt à s'assurer la propriété pleine et entière de cet immeuble, en réunissant à sa part les parts de ses copropriétaires. Et surtout, ce qui est possible sous tous les régimes, c'est que le mari abuse de son influence et de son autorité pour l'empêcher de faire cette acquisition, afin de se réserver à lui-même les bénéfices d'un marché avantageux. Dès lors, pourquoi ne pas accorder à toute femme mariée le droit d'exercer le retrait? Puisque le danger est le même, la garantie devrait être aussi la même.

Voilà ce que nous dirions, s'il s'agissait de réformer le Code civil. Mais, dans l'état actuel de notre législation, l'extension du droit d'option de l'article 1408 aux régimes matrimoniaux autres que la communauté est-elle légitime ? Nous ne le croyons pas (1).

Hâtons-nous de reconnaître que l'opinion contraire a depuis longtemps prévalu. Il est presque universellement admis aujourd'hui que le retrait d'indivision n'est pas exclusivement réservé à la femme mariée sous le régime de communauté (2). Et

1. Nous pouvons invoquer dans le sens de notre opinion l'autorité de MM. Bellot des Minières, t. IV, p. 143. — Odier, t. III, p. 1309. — Laurent, t. XXI, p. 372. — Terrat. Thèses 1872, t. VII. — Arrêt de la Cour de Toulouse du 25 avril 1817. Dalloz, Vo Contrat de mariage no 832.

2. Tessier, t. I, p. 279.—Toullier, t. XIV, nos 218, 219.—Duranton, t, XV, n. 463. — Rodière et Pont, t. III, nos 1933, 1977. —

il est peut-être téméraire de s'attaquer à une doctrine qui est enseignée par presque tous les auteurs,
et que la jurisprudence a maintes et maintes fois
consacrée.

Mais, malgré tout le respect que nous inspire le
cortège imposant de ses défenseurs, cette doctrine
nous semble trop manifestement contraire aux principes de notre droit, pour que nous puissions l'admettre.

Pour la défendre, on invoque tout d'abord les
considérations que nous faisions valoir il n'y a
qu'un instant. Il y a les mêmes motifs, dit-on, pour
se défier du mari, quel que soit le régime matrimonial. Il faut donc accorder à la femme la même protection. *Ubi eadem ratio, ibi idem jus.*

On ajoute que cette institution n'est pas nécessairement liée au régime de communauté. Son histoire
n'en fournit-elle pas la preuve? C'est dans le droit
romain qu'elle a pris naissance, et les pays coutumiers l'ont empruntée aux provinces de droit écrit,
où le régime dotal était seul connu.

Ce dernier argument qui n'aurait d'ailleurs de
valeur que relativement au régime dotal, est facile

Babinet. Dissertation citée plus haut. — Aubry et Rau, t. V, p.
593.—Cour de Lyon, 20 juillet 1843.—Cour de Grenoble, 18 août
1854. Dall. 56, 2, 6 . — Cour de Cassation, 1er mai 1860. Dall.
1860, 1, 511. — Cour de Riom, 15 novembre 1869. Dalloz, 1869,
2, 231.

à écarter. Nous avons montré au début de cette
étude combien le droit d'accroissement de la loi 78
différait de notre retrait d'indivision ; nous avons
montré que les pays de droit écrit ont conservé, jusqu'à la fin, le système romain dans toute sa pureté,
et qu'ils n'ont jamais connu le droit d'option. C'est
après avoir été transplantée dans le régime de communauté, c'est sous l'influence des principes propres à ce régime, que notre institution s'est développée et a reçu sa forme définitive.

Le système que nous combattons n'a donc pas
d'autre fondement que la règle *Ubi eadem ratio, ibi
idem jus.* C'est, en toute matière, une règle d'interprétation fort dangereuse, qui pouvait convenir au
préteur romain, mais qui n'est conforme ni aux ha-
bitudes ni aux devoirs du jurisconsulte et du magistrat modernes. En tout cas, il est impossible de s'en
servir, lorsqu'on est en présence d'une disposition
exceptionnelle ; il est impossible d'étendre, par
analogie, à des hypothèses plus ou moins voisines,
un texte de loi qui déroge au droit commun.

Or, le droit d'option que l'article 1408 confère à
la femme, est une faculté de retrait ; et le droit de
retrait est un droit exceptionnel, que les rédacteurs
du Code civil n'ont cru devoir accorder qu'à un petit nombre de personnes. Ils ont eux-mêmes arrêté
la liste de ces privilégiés : il n'est pas permis d'y

ajouter de nouvelles catégories. Si l'article 1408 n'existait pas, il est incontestable qu'aucune femme mariée ne jouirait du retrait d'indivision. Or, cet article n'organise ce droit qu'au profit de la femme mariée sous le régime de communauté ; il est enclavé dans les textes relatifs à ce régime ; bien plus, il contient une première disposition qui ne peut évidemment s'appliquer qu'à des époux communs en biens. Comment la femme pourrait-elle se prévaloir de cet article, lorsqu'elle a adopté un régime différent ?

Et d'ailleurs, étendre le retrait d'indivision à d'autres régimes, ce serait le dénaturer ! Nous avons montré que ce retrait s'exerce exclusivement sur des conquêts, sur des biens de communauté. C'est une affaire qui doit se passer entre la femme et la communauté, cela résulte des termes mêmes de l'article 1408. La femme peut, à son choix, nous dit le législateur, ou bien abandonner l'immeuble à la *communauté*, ou bien le retirer en remboursant à la *communauté* le prix de l'acquisition. Ainsi, la loi prend soin de nous indiquer, non seulement la personne qui peut exercer le retrait, mais encore la personne sur laquelle il peut être exercé, la personne du *retrayable*, comme disaient nos vieux auteurs. Et ce retrayable, c'est la communauté, ce n'est pas le mari. Mais si nous transportions le retrait d'indi-

vision dans le régime dotal, dans le régime d'exclusion de communauté, ou dans le régime de
séparation de biens, il s'exercerait sur des propres du mari ; c'est le mari qui jouerait le rôle de
retrayable. En réalité, ce serait une institution nouvelle, un nouveau retrait que nous introduirions
dans notre droit.

Enfin, nous ferons remarquer que nos adversaires
sont loin de s'entendre sur les conséquences et la
portée de leur doctrine. Sans doute, ils sont tous
d'accord pour déclarer que le retrait d'indivision ne
doit pas être restreint au régime de communauté.
Mais, les divergences et les dissentiments se pro-
duisent, lorsqu'il s'agit d'indiquer les régimes auxquels il convient de l'étendre. M. Dalloz (1), propose
une distinction. Suivant lui, la femme doit avoir le
droit d'exercer le retrait, toutes les fois que la portion indivise qui lui appartenait dans l'immeuble,
était soumise au pouvoir d'administration du mari.
Elle aura donc ce droit sous le régime exclusif de
communauté ; elle l'aura également sous le régime
dotal, si le mari s'est rendu acquéreur d'un immeuble dont une portion indivise était dotale. Mais
elle n'en jouira ni sous le régime de séparation de
biens, ni sous le régime dotal à propos de ses paraphernaux.

1. Vᵒ Contrat de Mariage, nᵒ 833.

MM. Rodière et Pont (1) semblent adopter ce système, et ils ajoutent que le retrait doit être admis même à propos d'un immeuble paraphernal, dans le cas où le mari administre, en vertu d'un mandat exprès ou tacite, les biens paraphernaux de sa femme.

Deux arrêts de la Cour de Limoges (2) ont, au contraire, appliqué le retrait d'indivision à des immeubles paraphernaux, sans faire aucune distinction. Nous trouvons même dans les considérants de l'un de ces deux arrêts cette affirmation au moins singulière : « Attendu que si le principe est vrai sous le régime de la communauté et sous le régime dotal, il l'est bien plus encore quand il s'agit de biens paraphernaux. »

M. Babinet (3) refuse d'étendre l'article 1408 au régime de séparation de biens, « par la raison toute particulière que les conjoints n'y ont aucun intérêt pécuniaire commun. » Enfin MM. Aubry et Rau (4) accordent à la femme le droit d'exercer le retrait d'indivision sous tous les régimes.

Voilà à quelles incertitudes et à quelles fluctuations on s'expose, lorsqu'on abandonne les princi-

1. T. III, nos 1933, 19.7.
2. 12 mars 1828.— 23 décembre 1840. Dalloz, Vo Contrat de mariage, nos 832. 833.
3. Dissertation citée.
4. T. V, pages 595 et 638.

pes certains. posés par le législateur lui même.
pour se livrer aux hasards d'une interprétation ca-
pricieuse.

Le retrait d'indivision n'appartient donc, suivant nous, qu'à la femme mariée sous le régime de
communauté. Mais, nous l'appliquerons, bien entendu, à la communauté réduite aux acquêts, aussi
bien qu'à la communauté légale. Nous l'étendrons
même au régime dotal accompagné d'une société
d'acquêts (1), puisque ce régime mixte est soumis
pour partie aux règles de la communauté. Grâce à
cette combinaison, la femme, tout en adoptant le
régime dotal, s'assure le bénéfice de l'article 1408 :
elle a le droit de retirer de la société d'acquêts
l'immeuble dont elle était copropriétaire, lorsque le
mari a fait l'acquisition de cet immeuble en son nom
personnel. Elle jouit de ce droit, lorsque la portion
indivise qui lui appartenait en propre faisait partie
de ses biens dotaux : elle en jouit également, lorsque
cette portion était comprise dans ses paraphernaux.

En restreignant comme nous venons de le faire
la portée d'application du retrait d'indivision, nous
croyons rester fidèles au texte et à l'esprit de notre
loi. A tort ou à raison, les rédacteurs du Code civil
n'ont pas séparé l'idée du retrait d'indivision de
l'idée d'une communauté de biens. Sans doute, ils

1. Laurent, t. XXI, p. 372.

auraient pu concevoir d'une façon plus large cette
institution protectrice. Mais, nous devons nous conformer à leur pensée, si nous voulons avoir une no-
tion exacte du droit qu'ils ont organisé dans l'article 1408 : et nous ne devons accorder à la femme
le retrait d'indivision, nous ne devons lui reconnaitre le droit de prendre pour elle le marché conclu par son mari, qu'autant que l'immeuble dont
elle possédait une part indivise, entre, par l'effet
de ce marché, dans une masse de biens commune
aux deux époux.

Dans les autres régimes matrimoniaux, auxquels
nous ne croyons pas devoir appliquer le retrait d'indivision, si le mari se rend acquéreur de tout ou
partie d'un immeuble dont la femme possédait une
part indivise, il en devient propriétaire incommutable; ce bien entre dans son patrimoine d'une façon
définitive.

On pourrait toutefois concevoir quelques doutes
à propos du régime dotal. Pour ce régime, à défaut
du système de l'article 1408, ne devrait-on pas admettre, au moins pour les biens dotaux, le système
de la loi 78 ? Sans doute, au moment de la promul-
gation du Code civil, toutes les lois romaines dont
les dispositions n'y étaient pas reproduites, se sont
trouvées abrogées. Mais, comme les rédacteurs du
Code, en cédant aux instances des tribunaux du

Midi, et en faisant une place au régime dotal dans
la législation nouvelle, ont entendu rétablir ce régime tel qu'il était connu et pratiqué dans les pays
de droit écrit, avec toutes les institutions accessoires
et toutes les coutumes qui en complétaient la physionomie, on pourrait soutenir avec quelque fondement
que la loi 78 a été tacitement conservée et qu'elle
est encore en vigueur. On ajoute encore une autre
considération. N'est-il pas étrange, dit-on, qu'une
théorie qui a pris naissance dans le régime dotal,
ne puisse plus aujourd'hui s'y appliquer, ni sous
sa forme primitive, ni sous la forme nouvelle dont
la législation moderne l'a revêtue?

Tout en reconnaissant la valeur de cette argumentation, nous pensons que le système de la loi 78 ne
peut pas être transporté dans notre droit actuel. Il
avait sa raison d'être à Rome et dans l'ancien droit;
il ne s'expliquerait plus aujourd'hui.

Dans le droit romain et dans notre ancien droit,
le mari était considéré, au moins en théorie pure,
comme le propriétaire de la dot, comme un propriétaire tenu de restituer. Par suite, lorsqu'il se rendait adjudicataire sur licitation, d'un immeuble
dont une part indivise lui avait été apportée en dot,
cette adjudication ne lui faisait acquérir à nouveau
que la part du copropriétaire. Le caractère de la
portion apportée en dot n'était pas modifié : cette

portion restait dotale. Dès lors, le mari étant tenu de restituer une partie indivise de l'immeuble à la la dissolution du mariage, il parut naturel de le contraindre à restituer l'immeuble entier, et de contraindre en même temps la femme à accepter cet accroissement de propriété (1).

Mais aujourd'hui la situation est toute différente. Le mari n'étant plus que l'administrateur de la dot, s'il se rend adjudicataire d'un immeuble dont une portion indivise était dotale, cette adjudication lui fait acquérir la propriété de l'immeuble entier. La portion apportée en dot, cessant d'appartenir à la femme, cesse du même coup d'être dotale. Elle se trouve remplacée par une somme d'argent dont le mari est tenu de faire emploi. Dès lors, puisqu'aucune partie de l'immeuble n'est plus sujette à restitution, il n'y a pas de motif pour exiger une restitution intégrale, il n'y a pas de motif pour faire intervenir la règle romaine dont rien ne justifierait plus l'application.

Lorsque le mari s'est contenté d'acheter les por-

1. Cela parut surtout conforme à l'équité dans l'hypothèse d'une licitation provoquée par les copropriétaires. Lorsque le mari, obligé de subir la licitation, s'était porté adjudicataire pour conserver la portion qu'il était tenu de rendre, il parut juste de contraindre la femme à reprendre l'immeuble entier A l'origine, c'est exclusivement pour cette hypothèse que la règle romaine fut établie. — C'est une pensée analogue qui a inspiré la disposition de l'article 1667, relative à l'acheteur à réméré.

tions des copropriétaires de la femme, on pourrait
alléguer que les conditions sont les mêmes qu'au-
trefois, et que, par suite, le système ancien doit
être maintenu. Mais, il ne faut pas oublier que la
règle de la loi 78 n'avait pas trait au cas d'une acquisition amiable. C'est pour le cas d'une adjudication qu'elle avait été faite. Puisqu'elle a perdu toute
utilité dans l'hypothèse qu'elle prévoyait expressément, il nous semblerait peu logique de la maintenir
pour les hypothèses auxquelles elle n'était appliquée que par extension.

Nous devons donc considérer le système de la loi
78 comme définitivement aboli ; et, quant au droit
de retrait de l'article 1408, ainsi que nous l'avons
montré plus haut, les textes et les principes de notre
législation ne nous permettent pas de l'étendre aux
différents régimes matrimoniaux, dans lesquels nous
ne rencontrons ni une communauté de biens, ni une
société d'acquêts.

POSITIONS

Droit Romain.

I. — A l'époque classique, l'obligation de faire ou de ne pas faire a en réalité pour objet une somme d'argent.

II. — L'obligation de faire ou de ne pas faire est toujours divisible au point de vue de la condamnation.

III. — Lorsqu'une obligation de faire ou de ne pas faire est par nature divisible, son caractère et ses effets ne sont nullement modifiés par l'adjonction d'une stipulation de peine.

IV. — Toute obligation contractuelle peut donner lieu à l'exercice de la *condictio certi*, à condition que le créancier opère lui-même, à ses risques et périls, la liquidation de son droit.

V. — La *successio in locum* ne fait acquérir que le *rang* de l'hypothèque qui appartenait au créancier.

VI. — Les codébiteurs solidaires même *non socii* jouissent du bénéfice de cession d'actions.

VII. — L'action *præscriptis verbis* est toujours une action de bonne foi.

VIII. — Marc-Aurèle a innové en décidant que l'on pourrait opposer la compensation dans les *stricta judicia* au moyen de l'exception de dol.

Droit civil français.

I. — Le droit d'option conféré à la femme par l'article 1408-2° est une faculté de retrait.

II. — Le droit d'exercer le retrait d'indivision appartient aux créanciers de la femme.

III. — L'exercice du retrait ne produit aucun effet vis-à-vis des anciens copropriétaires de la femme.

IV. — Le retrait d'indivision est propre au régime de communauté.

V. — L'article 1595 qui prohibe la vente entre époux, ne s'applique qu'à la vente amiable.

VI. — La fiction de l'effet déclaratif du partage ne doit pas être appliquée dans les rapports de chacun des copartageants avec ses propres ayants-cause.

VII. — L'article 1142, en vertu duquel « toute obligation de faire ou de ne pas faire se résout en dommages et intérêts, en cas d'inexécution », ne s'applique qu'aux obligations qui ne peuvent pas être exécutées par d'autres que le débiteur.

VIII. — La femme qui accepte le remploi, n'est pas tenue de respecter les droits réels que le mari a pu consentir sur le bien, depuis qu'il en a fait l'acquisition.

IX. — La femme ne peut pas se retirer, par contrat de mariage, la capacité de s'obliger.

X. — Le pacte adjoint au don manuel est dispensé des formes de l'article 931.

Droit commercial.

I. — En cas de faillite, la déchéance du terme se produit même en faveur des créanciers hypothécaires.

II. — Le porteur d'une lettre de change a un droit exclusif sur la provision.

Droit criminel.

I. — L'excuse légale résultant de la provocation profite au complice, quand elle a été admise en faveur de l'auteur principal.

II. — La poursuite correctionnelle commencée contre la femme adultère n'est pas éteinte par le décès du mari.

Vu par le Président de la Thèse :

C. BUFNOIR.

Vu par le Doyen de la Faculté :

CH. BEUDANT.

Vu et permis d'imprimer :

Le Vice-Recteur de l'Académie de Paris :

GRÉARD.

TABLE DES MATIÈRES

DROIT ROMAIN

DE LA STIPULATION

AYANT POUR OBJET UN FAIT OU UNE ABSTENTION

	Pages
INTRODUCTION.	1

CHAPITRE PREMIER

Distinction entre *dare et facere*...................... 5

CHAPITRE II

Un fait peut-il être l'objet d'une stipulation au même titre
qu'une dation?..................... 11
§ 1. — Droit primitif............................. 11
§ 2. — Droit de l'époque classique.................... 20

CHAPITRE III·

Conditions de validité de la stipulation qui a pour objet
un fait ou une abstention............................. 31
§ 1. — Fait personnel au promettant................. 31
§ 2. — Fait suffisamment déterminé.................. 35
§ 3. — Fait physiquement possible.................... 36
§ 4. — Fait licite........·........................... 37

CHAPITRE IV

Caractère essentiellement personnel du lien de droit créé
par cette stipulation............................ 41

CHAPITRE V

Pages

Les obligations de faire ou de ne pas faire au point de vue de l'indivisibilité. 51
§ 1. — Quelles sont les obligations indivisibles ? 52
§ 2. — Quelles sont les conséquences de cette indivisibilité ? 57
§ 3. — Ces règles sont-elles modifiées par l'adjonction d'une clause pénale ? 60

CHAPITRE VI

Des actions qui garantissent les obligations de faire ou de ne pas faire nées d'une stipulation 66

DROIT FRANÇAIS

DU RETRAIT D'INDIVISION

INTRODUCTION. 73

CHAPITRE PREMIER

Histoire du droit d'option conféré à la femme 80

CHAPITRE II

Nature juridique du droit d'option. 98

CHAPITRE III

Sur quoi porte le droit d'option de la femme ? 112
§ 1. — Le mari a acquis l'immeuble entier, y compris la part indivise de la femme 113
§ 2. — La part de la femme est restée en dehors de l'acquisition faite par le mari. 119

Pages

CHAPITRE IV

A quelles conditions le droit d'option peut-il être exercé ?   125
§ 1. — Un immeuble déterminé.   126
§ 2. — Acquisition faite par le mari en son nom personnel   133
§ 3. — Acquisition de nature à faire un conquêt.   140

CHAPITRE V

Par qui le droit d'option peut-il être exercé ? . . . , . . .   145

CHAPITRE VI

Quand le droit d'option peut-il être exercé ?.   152

CHAPITRE VII

Quels effets produit l'option faite par la femme?   161
§ 1. — Effets de la renonciation de la femme.   161
§ 2. — Effets du retrait d'indivision.   162
I. Effets du retrait dans les rapports de la femme avec
le mari et la communauté.   163
II· Le retrait ne produit aucun effet vis-à-vis des copropriétaires de la femme qui ont cédé leurs parts au mari. .   174

CHAPITRE VIII

Le retrait d'indivision au point de vue des droit d'enregistrement   192

CHAPITRE IX

Le retrait d'indivision peut-il être étendu aux régimes
matrimoniaux autres que la communauté?   195

POSITIONS   207

Laval impr, et stér. E. JAMIN. — 41 rue de la-Paix.

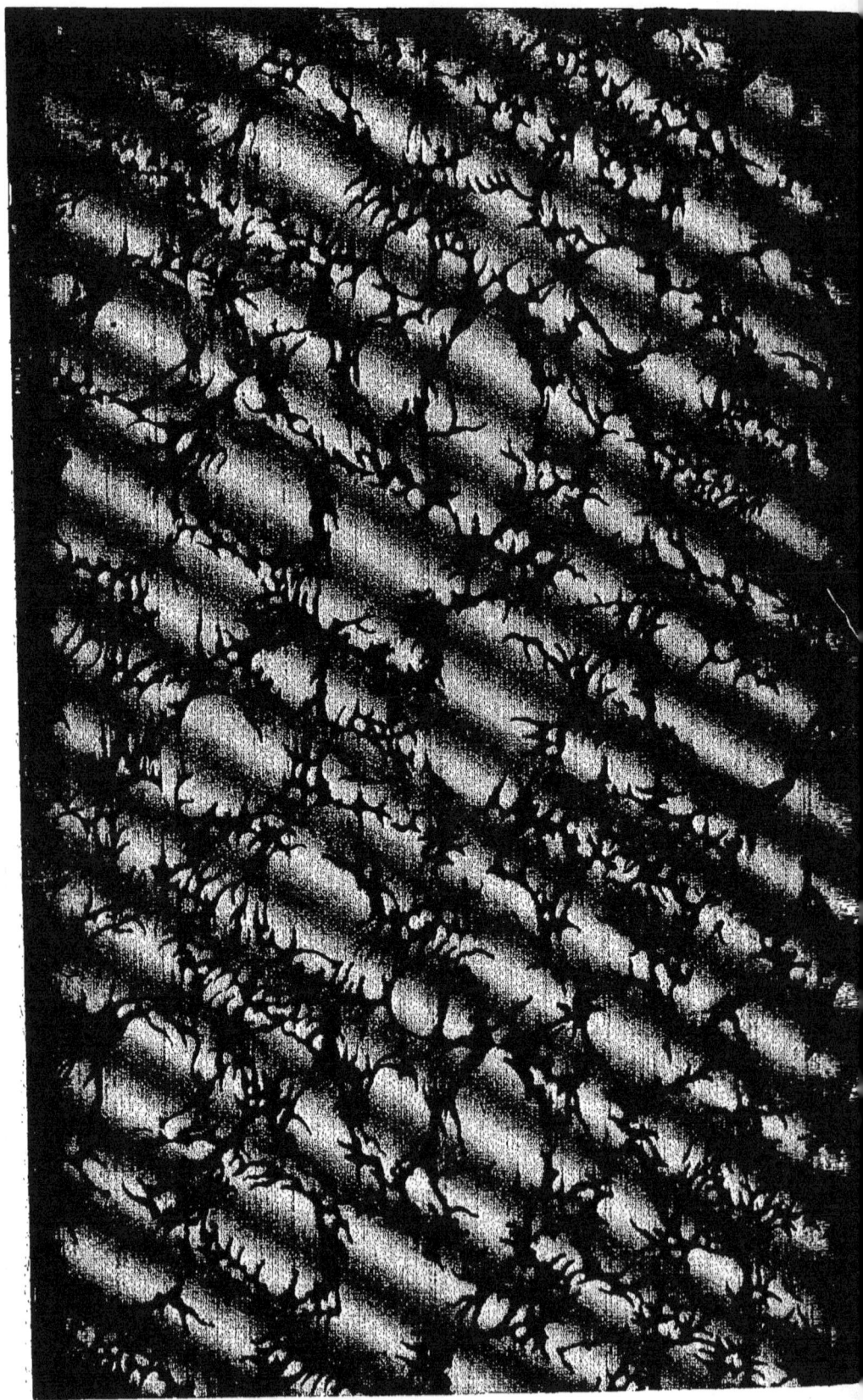

www.ingramcontent.com/pod-product-compliance
Lightning Source LLC
Chambersburg PA
CBHW070503200326
41519CB00013B/2697